中道圭人
Keito Nakamichi

小川翔大
Shota Ogawa

編

教育職・心理職のための発達心理学

ナカニシヤ出版

まえがき

　発達心理学は，ヒトの心の形成や生涯にわたる変化を科学的に明らかにする学問です。発達心理学が扱う領域は多岐にわたり，例えば，ヒトの認知的・社会的な能力の発達プロセス，その発達プロセスに家族・友人とのかかわりや学校・社会といったコミュニティ自体が及ぼす影響，そして，発達プロセスの中で生じる問題や不適応のメカニズムといった内容を含んでいます。この発達心理学の内容は，「科学的なエビデンスに基づいた教育や対人援助・支援」を行うための基盤となるものです。そのため，教育職・保育職・心理職を養成する学部・学科では発達心理学が必修科目となっています。

　近年，公認心理師法の施行や教育職員免許法の改正にともない，発達心理学で学修すべき内容が大きく変化しました。教員免許は「教職課程コアカリキュラム」，保育士資格は「保育士養成課程を構成する各教科の目標及び教授内容」，公認心理師資格は「ブループリント」に，発達心理学関連の学修内容がそれぞれ挙げられています。この状況下で，多くの大学・大学院では複数の資格・免許を同時に取得するカリキュラムを設けており（教員免許＋公認心理師資格，公認心理師資格＋保育士資格など），それぞれの資格・免許に必要な内容を網羅した「発達心理学」の授業が求められています。

　そこで本書は，学校教諭・保育士・公認心理師のすべての学修内容に対応した，発達心理学の初学者向けテキストとして作成されました。本書の具体的な特徴は以下の通りです。

　[1] 発達段階ごとの章構成　　教育職は教育活動や保護者対応などを通して，心理職はクライエントへの治療や家族支援などを通して，幅広い年齢の人とかかわる機会があります。本書では，生涯発達の視点に立ちながら，さまざまな発達的特徴に応じた指導や援助が行える教育職・心理職を育成するために，発達段階に分けた章構成としました。具体的に，第1章「発達とは」では発達心理学の歴史，研究法，代表的な発達理論を概説し，続く第2章「胎児期」から第12章「老年期」にかけて，各段階での発達的特徴や発達上の問題を解説しています。

　[2] 資格・免許に準拠した事柄と最新科学　　各章では，発達心理学の基

礎的なエビデンス・理論を踏まえつつ，脳科学（神経科学），行動遺伝学，進化心理学等の研究成果と関連づけながら解説しています。また，各章の冒頭には「本章のポイント」を示しており，豊富な図表やイラスト，キーワードの解説と併せて，わかりやすくまとめています。

　近年の発達心理学では，心の発達を生理的な機能から実証的に解明する研究が盛んに行われています。読者には，単なる資格・免許取得のため学修とするのではなく，発達心理学の歴史や最新科学にも触れながら，心理学のおもしろさを感じてもらいたいと願います。

　[3]教育職・心理職の実践と関連したコラム　　本章では言及しきれなかった「現場で働く教育職・心理職に理解してほしいトピック」をコラムとして掲載しています。例えば，障害に関するトピック（発達障害など），専門職としての職責や連携に関するトピック（研究倫理，多職種連携など）があります。

　全体として，本書は学校教諭，保育士，公認心理師などを養成する高等教育機関（大学，短期大学，専門学校）の「発達心理学」関連科目用のテキストとして編集されています。各章では，それぞれの発達段階の特徴を踏まえた上で，健全な発達を支えるための観点も示唆しています。本書を授業で使用する先生には，本書で解説する発達心理学の知見と教育実践・心理実践のつながりを念頭におきながら，授業を組み立てていただければ幸いです。

　また，本書の読者には，教育職・心理職を目指す大学生や大学院生，現場で働く心理士や教育関係者に限らず，教養として発達心理学を学ぶ学生や一般の方々も想定しています。例えば，学生であれば自分自身のこれまでの発達を，親であれば夫婦関係や育児の問題を，本書を通して客観的に紐解けるかもしれません。本書が，さまざまな読者の新たな学びにつながることを願っています。

　最後になりましたが，本書の編集作業はコロナ禍で進めてまいりました。厳しい状況下ではありましたが，みなさまのご支援を賜りながら，本書を刊行することができました。さまざまな対応に追われて多忙を極める中，本書をご執筆くださった先生方，出版に至るまできめ細やかなご支援をくださったナカニシヤ出版の山本あかね様に深く感謝申し上げます。

2021 年 2 月　編者 中道圭人・小川翔大

目　次

―― コラム ――

発達とは

1

◎ **本章のポイント**

　本章では，人の「発達」に関する基礎的な諸側面について解説し，以下のことを理解していく。
・「発達」の概念を理解する。
・発達における遺伝と環境の影響を知る。
・ある時点での発達状況を理解するための手法，発達変化の過程を理解するための手法など，発達の研究法を理解する。
・発達の多様な理論の特徴を理解する。

1. 発達観と発達心理学

[1] 発達とは

　図1-1に挙げたのは，大学生が発達心理学を学ぶ前に描いた「発達」の絵である。これらの絵に反映されているように，「発達」は，子どもが大人になるまでの間の，体が大きくなる，何かができるようになるという，獲得や増大・上昇の過程と捉えられることが多い（中澤ら，2004）。

　しかし，発達の範囲は胎児期から始まり，成人以降の老年期，さらには死に至るまでの全生涯を含んでいる。医療機器の発展により胎児も母胎内で多様な活動をしていることが明らかになっている。また人は，成人後も親になる，定年退職するなどの新たな状況に応じて適応のために変化し続ける。

　発達は**獲得**や増大・上昇だけではなく，その裏で**喪失**や減少が展開する。例えば，乳児は生後6か月頃ではどの国の言葉であれその音韻の区別ができる。しかし，母国語にさらされその音韻に慣れるにつれ（獲得），次第に外国語の音韻の区別はできなくなる（喪失）。日本人が英語のRとLの発音の区別が難しいと言われるのも，幼少期に日本語を獲得することで，英語の音韻の聞き取

図1-1　大学生の「発達という言葉から連想すること」の絵
(中澤ら, 2004)

り能力が失われたことによる（Kuhl et al., 2006）。これは，乳児期初期の過剰
ともいえる神経ネットワークの構築（それが多言語の音韻区別を可能にしてい
る）と，その後，日常生活に必要な母国語にかかわる神経ネットワークの機能
を高めるため，使用頻度の少ない外国語の音韻処理のための神経ネットワーク
の刈り込みが生じることによる（第5章も参照）。

■ ［2］発達の区分

　人の発達はいくつかに区切ると理解しやすい。例えば本書では胎児期，乳児
期，幼児期，児童期，青年期，成人期，老年期に分けている。しかし，このよ
うな発達の区切りは，時代により異なっていた。

　歴史学者アリエス（Ariès, 1960）は，ヨーロッパ中世の絵画では，子どもが
大人より背が低い以外，大人と何ら変わることなく描かれていることを示し，
「**子ども**」は「**小さな大人**」とみなされていたとする。農業中心の時代には，
乳幼児期以降の子どもは小さくはあってもそれなりの労働力であり，現代のよ
うな「子ども（児童）」という認識は乏しかった。そのため，当時は十分に働
けない乳幼児と，働くことのできる大人という2つの区分しかなかった。

　近代になり工業化が進むと農民から工場労働者への移行が起こった。農業で
は労働力となりえた子ども（「小さな大人」）も，工業化社会で機械を扱い生産
に関与するには，読み書き計算の能力が求められる。そのため，労働に携わる
以前に教育の対象となる「子ども」が出現することになった。その後，さらに

産業構造は複雑化し，それに応じたより深い知識・技能が必要になると，就労するまでに求められる学習内容は格段に増えた。そのため義務教育修了後も，高校や大学で学び続ける，「青年」という子どもでも大人でもない存在が新たに出現することになった。このように，発達の区分も社会の発展の産物なのである。

■［3］発達心理学とその起源

　発達心理学とは，人の心理的な「発達」の，How と Why に答えようとする学問である（中澤, 2009）。How とは，人の心はどのように発達していくのかを問う。心の発達の基盤となる身体や神経系，また知覚，言語，思考，自我，情動，社会性がどのように変化するのかを明らかにするのである。Why とはそのような発達的変化が，なぜ（何によって）生じるのかを問う。発達心理学では，観察や実験などの実証的な研究をもとにこの問いに答える。さらに，こうした研究から得られた知識に基づき，人の生涯にわたる発達を支援することも，発達心理学の役割の1つである。

　発達心理学の出発は，ドイツの生理学者プライヤー（Preyer, 1882）による自分の子どもの観察記録『子どもの精神（*Die Seele des Kindes*)』の出版とされる。これ以前にも子どもの観察記録を残した研究者もいたが，プライヤーが発達心理学の出発とみなされたのは，規則的な間隔で1日に3回，1000日間観察し，子どもの発達過程を感覚，運動，表現，情緒，言語，思考に分類し描き出すという科学的な視点に立った研究を行ったからである。これに自我，人格，社会性を加えれば，現代の発達心理学の領域が全て含まれる。

2. 遺伝と環境

　発達は人が生まれもつ遺伝子により決定されているものだろうか？　それとも，発達は環境次第のもので，適切な環境が整えばどのような方向にも，いくらでも伸びていくのだろうか？　発達への遺伝と環境の影響は，長い間論議されている疑問である。**双生児研究**はこの疑問に重要な手がかりを与えてくれる。

　1卵性双生児は1つの受精卵が何らかの理由で分割してそれぞれが成長した

もので遺伝的には100％同一である。それに対し，２卵性双生児は同時に２つの受精卵ができたもので，いわば通常のきょうだいと同じであり，遺伝子的には50％が共有されている。１卵性双生児は２卵性双生児より遺伝的には２倍類似しているといえる。

　環境を考えると，双生児（１卵性であれ２卵性であれ）は同じ時に同じ家族の下に生まれ育つので，同じ生育環境を共有しており，これを**共有環境**という。１卵性は全て同性ペアであるが，２卵性では異性のペアもある。男児と女児では育て方も異なり，養育環境は必ずしも同じではない。そのため，双生児研究では２卵性については同性のペアのみを対象とする。しかし，家庭から離れ就園・就学すると，クラスや部活やその後の進学先が異なることで，出会う人や経験は異なってくる。このような双生児の間でも共有されない環境を**非共有環境**という。

　双生児個々人のある特性（例えば外向性）は，「遺伝の影響＋共有環境の影響＋非共有環境の影響」によって現れたものと考えられ，ある特性の双生児間の類似度はこの中の「遺伝の影響＋共有環境の影響」によって決まる。ある特性について１卵性双生児同士の類似の程度と２卵性双生児同士の類似の程度に差があれば，その違いは，上述の遺伝的特性の差（遺伝子の共通性が100％か50％か）に帰することができる。１卵性双生児と２卵性双生児のさまざまな特

表 1-1　身体的・心理的形質の遺伝率と，共有環境と非共有環境の影響 （安藤，2000）

	遺伝率[注]	共有環境	非共有環境
指紋隆線数	0.92	0.03	0.05
身長	0.66	0.24	0.10
体重	0.74	0.06	0.20
知能	0.52	0.34	0.14
宗教性	0.10	0.62	0.28
学業成績	0.38	0.31	0.31
創造性	0.22	0.39	0.39
外向性	0.49	0.02	0.49
職業興味	0.48	0.01	0.51
神経質	0.41	0.07	0.52

注）遺伝率とは，ある項目で見られる個人差が遺伝子の違いにより説明される割合をいう。したがって，身長の遺伝率66％というのは，あなたの身長の66％が遺伝子によって決まっているというのではなく，私たちの身長の違いの66％は個人のもつ遺伝子の違いにより説明されるということである。

性の類似の程度を相関係数という数値で算出し，それをもとに計算によって各特性における遺伝，共有環境，非共有環境それぞれの影響の割合を求めた結果が表1-1である（安藤，2000）。

　遺伝によって，身長や体重などの身体的な形質の違いは7割程度，知能や性格などの心理的形質の違いは4割程度影響されることがわかる。一方，共有環境の影響は身体的形質のうち身長，心理的形質のうち知能や宗教性で大きく，これらには家庭の影響が大きい。非共有環境の影響は外向性，職業興味，神経質といったパーソナリティの側面で大きい。発達はその側面ごとに遺伝や環境に異なる程度の影響を受けており，遺伝と環境どちらかに単純に帰せるようなものではないことがわかる。

3.　発達研究法

■ [1]　発達の現状の研究法

　人の発達の現状を理解するために，さまざまな方法が用いられる。

　観察法は心理学の最も基本的な方法で，観察した行動を自由に記述する，また特定の行動のチェックを行いその出現頻度を集計するなどして，それをもとに発達の状態を理解しようとするものである（中澤ら，1997）。家庭や学校など日常生活の中の自然な行動や，実験室のような限定された状況の中の行動が観察される。観察者が対象者と接することなく観察する**非参与観察**と，対象者と遊ぶなどして直接かかわりながらその様子を観察する**参与観察**がある。

　実験法は，研究者が研究上の仮説に基づき，対象者に特定の状況や課題を与え，その反応を測定するものである。反応に影響する可能性のある余計な刺激（**剰余変数**という）を極力減らした実験室のような設定のもとで測定を行うので，純粋な発達上の能力の評価や，発達に影響を及ぼす要因の解明ができる。

　調査法は，知りたい内容について対象者に質問用紙を配布し，記入してもらう方法である（鎌原ら，1998）。協力を得やすく，また多量のデータを短期間に収集できるという長所がある。しかし，読み書きのできる人が対象となるため，年少者には適用できないこと，また自己防衛から正直に答えない可能性がある点が短所となる。

面接法は対象者との面談を通して発達の状況を知る方法である（保坂ら，2000）。したがって，ある程度自己を言葉で述べることができる人が対象となる。面接法では表情やしぐさ，言葉の調子なども貴重な情報となる。

検査法は基準となるデータが得られている諸課題を対象者に行ってもらい，その基準に照らして個人の発達や特性を評価しようとする方法である。性格特性を査定するための性格検査，知的特性を査定するための知能検査，また特に乳幼児の発達の状況を査定するための発達検査がある（中澤，2015）。

■ [2] 発達的変化の研究法

上記の各研究方法を発達のさまざまな時期に測定し，それをつなぎ合わせることで，発達過程における変化を明らかにすることができる。

横断研究は，ある時点で，異なる年齢の人たちを一度に測定することで，発達的変化の過程を明らかにする方法である。発達の概観を短期間に知ることができるので，最も一般的に用いられている。ただ，それによって描かれる発達的変化は必ずしも真の変化とは限らない。例えば，さまざまな年代の身長を測定しその平均を求めると20代の若者より80代の高齢者の方が身長は低い。しかし実際に人の身長が高齢になるほど低くなっていくことはない。この低身長は高齢者が育ってきた時代の栄養状態などが影響したものによる。横断研究法は簡便であるが，特定の世代が受けた戦争や飢餓など社会的変動などの状況の影響により，人の真の発達過程が反映されない可能性もあることに注意が必要となる。

縦断研究は，発達的変化の過程を，特定の個人や集団を繰り返し測定することで知ろうとするものである。この方法では，誕生から80歳までの身長の変化を知るには80年間が必要となる。縦断研究はこのように時間がかかるばかりでなく，その間の対象者の転居などで，繰り返しの測定ができなくなることもある。また，いったん研究が開始されると，後から測定しておけばよかったと思うことが出てきても，データの取り直しはできない。したがって，事前に周到な準備が必要となる。縦断的方法を行うことは容易ではないが，人の真の発達過程を知ることができるという長所をもっている。

縦断研究において，同じ対象者に同じ内容の調査を反復すると，発達上の以前の経験が後の行動に及ぼす影響，つまり発達過程における因果的影響を明確

にできる。例えば，同じ集団で，児童期と青年期に暴力的なテレビゲームに費やす時間と攻撃的行動を繰り返し測定し，それらの関係を統計的に分析することで，児童期の暴力的ゲーム経験が青年期の攻撃的行動をもたらすのかといった検討が行われている。このような研究を**パネルスタディ**と呼ぶ。

時代差研究は，発達に対する時代的な影響を明らかにしようとする。例えば，幼稚園5歳児の身長は1950年の男児で104.4cm，女児で100.8cm，1985年の男児で110.6cm，女児で109.8cmと35年間で6〜9cm伸びたが，2019年では男児で110.3cm，女児で109.4cmと，1985年以降の34年では伸びがほぼ止まり逆に少し低くなっている（文部科学省, 2019）。1950年から1985年にかけての大きな上昇は戦後の急速な栄養状態の改善，その後の若干の低下は低体重出生児の増加といった時代的背景の影響によると考えられる。

4. 発達を捉える視点：発達の理論

発達のHowとWhyを説明するさまざまな発達理論が考えられてきた。発達理論は，それが仮定する発達のHowに基づく今後の発達の予想，またそれが仮定する発達のWhyに基づく発達影響要因のうち不十分な部分の解明とその補いによる，発達支援活動の基礎となる。

[1] 認知発達理論

ピアジェ（Piaget, 1952）は，認知（人の知的な理解，判断，思考の機能を心理学では総合的に「認知」と呼ぶ）の発達理論を構築し，認知発達は段階的に進行するとした（図1-2）。

彼は人の認知発達を，乳児期（0-1歳6か月・2歳頃まで）の**感覚運動段階**とそれ以降の**表象的思考段階**に分けた。感覚運動段階は，行動や感覚を通して外界を理解しようとする段階で，乳児は，外界に働きかけ，それに対する外界からの反応の往復（これを「循環反応」と呼ぶ）から世界を認識する。最も初期の循環反応の一つは，自分の指を吸いその感覚を楽しむ，指しゃぶりである。その後，働きかけの対象は外界へと移り外界とのやりとりで世界を認識するようになる。

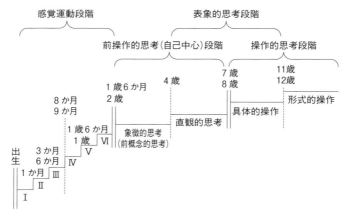

図1-2　ピアジェの認知発達段階 （Piaget, 1952）

　表象的思考段階になると，イメージや言語などの表象を用いて考え理解するようになる。表象的思考段階は7・8歳を境に**前操作的思考段階**と，**操作的思考段階**に分かれる。前操作的思考はさらに，2〜4歳の**象徴的思考段階**と，4〜7・8歳の**直観的思考段階**に分かれる。象徴的思考段階ではイメージや言語を用いて見立て遊びやごっこ遊びが行われる。この時期の概念はまだ上位−下位概念の区別が不十分で，自分の視点からの理解が中心となる（自分の母を他児が「おばちゃん」と呼ぶと，「お母さんだよ！」と言ったりする）。直観的思考段階になると，徐々に世界を概念化し理解することもできるが，対象の目立ちやすい特徴に惹きつけられ，保存課題の解決は難しい（第5章参照）。

　操作的思考段階は，7・8歳〜11・12歳頃までの**具体的操作段階**と，その後の**形式的操作段階**に分かれる。具体的操作段階では，物事を論理的に考え結論づけることはできるが，まだそれは具体的・日常的な事柄に限られる。次の形式的操作段階では抽象的な記号操作や思考が可能になり，論理的な思考や課題解決が行えるようになる（第9章参照）。

　認知発達は何によって進むのだろう。ピアジェによれば，人は環境が与える情報とそれを理解する自己の認知の枠組み（**シェマ**）が調和していることを求める存在である。したがって，それらの間にズレや矛盾があると葛藤が生じ，葛藤を解消し調和・バランスをとろうとする心の働きが生じる。これを「**均衡**

化」と呼ぶ。均衡化のためにまず「同化」と呼ばれる作用が働く。「**同化**」とは，情報を自分のもつシェマに合わせて解釈し理解することをいい，自分のシェマを変えることがないので，まず行われる。しかし，情報とシェマの間の矛盾がさらに大きくなるとシェマを変えなければ，もはや理解できなくなる。この時に「調節」が生じる。「**調節**」とは，外界からの情報に合うよう自分のシェマを作り変えることをいう。「調節」により新しいシェマが獲得されると，新たな認知の段階へと発達することになる。ピアジェは，認知的葛藤をもたらすのは，仲間とのやりとりの中で経験するズレや矛盾であるとする。仲間との間のズレは認知発達の機会であり，そのズレを調節により子ども自身が独力で解決することで発達は進む。教育の中では，子どもに認知的葛藤を与えるような課題を提示することが，発達を促す上で重要であるとする。

■ [2] 発達の最近接領域理論

　ピアジェは子どもが独力で行う葛藤解決による認知発達を考えたのに対し，ヴィゴツキー（Vygotsky, 1934）は，大人との共同という社会的関係を通した認知発達を重視した。

　ヴィゴツキーは，この共同を「発達の最近接領域」により説明する。子どもには，課題を独力で解決できる限界がある（現時点の発達水準）。しかしその限界の上に，大人の援助を受けることにより解決できるレベルがある（潜在的な発達可能水準）。この２つの水準の間の領域を「**発達の最近接領域**」と呼ぶ。ヴィゴツキーによれば，発達は子どもと大人の共同によって促される。大人は子どものもつ成熟しつつある領域に働きかけ，発達可能水準を現時点の発達水準へと変え（つまり子どもが大人の助力なしでもできるようになる），それに伴いさらに新たな発達可能水準が生まれる。つまり，発達は大人が与えるモデルやヒント（これを**足場かけ**と呼ぶ；Wood et al., 1976）をもとに，子どもが解決しながら創りあげていくもので，大人と子どもの共同の産物である。

■ [3] 社会的認知理論

　バンデュラ（Bandura, 1986）は，認知発達や社会性の発達を含め，発達を総合的に説明する社会的認知理論を提唱した。彼の著名な**モデリング**の研究で

は，大人がボボドールと呼ばれるビニール製の人形に攻撃行動を行う映像を見た幼児が，その後大人の攻撃行動を模倣し，ボボドールに攻撃行動をすることを示した（Bandura et al., 1961）。モデリングは，観察学習ともいい，他者の行動を見るだけで成立する。これは人が高い認知機能をもち，他者の行動を観察し，それを通して学ぶ代理学習の能力をもつからである（中澤, 1992）。

■ [4] 精神分析理論

　精神分析理論は，人格形成の理論である。フロイト（Freud, 1905）は，人の行動の基盤に**無意識**の動機，特に性的欲求（**リビドー**）を想定し，心理性的段階理論を展開した。彼は性的欲求満足を得る身体部位が発達にともない変化し，それに対応して人格が形成されるとする。そして，発達の特定の時期に応じた欲求の満足が得られなかった場合，心理的にその時期の欲求満足のあり方にいつまでもとどまる（これを「固着」という）とする。

　口唇期（2歳まで）　　授乳時の口唇への接触が性的快感をもたらす。安定した養育は口唇欲求を満足させるが，十分な養育を受けられなかった場合，口唇の欲求満足に固着し，後に依存的な性格となったり，口唇欲求を満たす喫煙，飲酒，過食などの行動をとるとされる。

　肛門期（2〜3歳）　　この時期はトイレットトレーニングを受ける時期である。排泄をがまんする際や一挙に排泄する際に性的快感を得る。この時期の親のしつけがルーズであったり逆に過度に厳しい場合，けち（ため込むことに快を覚える）や几帳面な人，逆に反動形成という無意識のメカニズムにより極端にだらしない人となるとされる。

　男根期（3〜6歳）　　この時期は性器で快感を得るようになる。子どもは男女の性器の違いに気づき，女児に男根がないのは父親に去勢されたのだと考える。特に5〜6歳の男児は母親と密接な関係をもち無意識の上で父親をライバル視する（エディプスコンプレックス）が，母親に性的欲求をもつことに父親の怒りを買い，その罰として去勢されるという不安をもつ。そこで，男児は父親のような強い男になることで，母親のような魅力的な女性を獲得する道を選ぶ。そのため，この時期に男児は男らしい言動を取るようになり，性役割獲得につながると考えられている。この時期の欲求に固着した人は，（父親像を

反映する）権威的な存在への恐れを潜在的にもち，権威者との関係が難しいとされる。

　その後の**潜在期**（7–12歳）は性的欲求の活動は低くほかの活動に子どもが関心をもつ時期とされ，**性器期**(13歳以降)は成熟した性器による性的な快を得る時期とされるが，これらの時期と特定の性格傾向の関連は述べられていない。

　精神分析理論は，乳幼児期の経験が人の後の性格を形作ると提唱したことで，発達の初期経験への関心を高め，発達研究に大きな影響を与えた。しかしその理論は推論的なもので，科学的検証は難しい。

■ [5] 自我発達理論

　エリクソン（Erikson, 1963）は，自我の発達の理論を提出した。彼は，発達の各時期に自我の葛藤が存在し，時期ごとに葛藤を乗り越えポジティブな自我の働きが優勢になることで健全な自我発達が送れると考えた。

　基本的信頼 対 不信　　生まれてから2歳くらいまでの間，適切で親密な養育を受けた乳児は養育者など他者への信頼と自己への信頼（自分は大切にされるだけの，価値ある存在である）という感覚をもつ。十分な養育を受けられなかった場合，子どもは自他への不信をもつことになる。

　自律 対 恥と疑惑　　2〜4歳に子どもはトイレットトレーニングを受ける。うまくトイレで排泄できれば子どもは自律の誇りや自信を，失敗すれば恥や自己への疑惑をもつ。

　自主性 対 罪悪感　　4〜5歳になると，子どもは十分な活動能力を獲得し，周囲に対し積極的に働きかけるようになり，自発性を発揮する。この自発性が過度になると，周囲の人にとっては自分勝手な行動であったり攻撃的な行動となり，こうした行動は非難され，それによって罪悪感がもたらされる。

　勤勉性 対 劣等感　　児童期になると子どもは学校に通うようになる。学校で適応的であるためには，勤勉性を身につけなければならない。勤勉性を獲得できなかった場合，勉強に対する有能感は得られず，劣等感が生まれる。

　同一性 対 同一性混乱　　青年は，身体的・性的成熟を迎え，自分とは何か，どう生きるのかを問い始める。青年は自分自身が分裂するのを恐れるがゆえに，過度に仲間に同一化し，同一的なファッションや，いじめなど異質な存在への

排斥を行う。この時期に自己の同一性を確立できないと，混乱がもたらされる。

親密 対 孤独　　青年期に自己同一性が確立されると，成人期初期にはそれを他者の同一性と融合させようとし，親密な友情や異性との関係を形成する。このような関係がもてない場合，孤独を感じる。

生殖性 対 停滞　　成人期は，次の世代を作り，導くことが課題となる。これが生殖性である。単に自分の子どもを育てることに限らず，仕事の上で部下を育てたり，自分の作品を作ったりすることも生殖性に含まれる。生殖性が達成されない場合，停滞感をもち，人格的な成長を失う。

自我の統合 対 絶望　　子どもを育てるなどの生殖性を達成してきた人は，老年期になり自己への確信や人生の受容などによる自我の統合を得る。自我の統合が得られない場合，死への恐怖や人生をやり直せないことへの焦りや絶望がもたらされる。

■［6］生態学的理論

　ブロンフェンブレンナー（Bronfenbrenner, 1979）は，人をとりまく環境を生態系と捉え，発達に影響する多様な環境を4つのシステムからなる生態学的モデルとして示している（図1-3）。**マイクロ・システム**は子どもの社会化に直接かかわる人々（親，仲間，教師，近所の人）と子どもとの相互関係をいう。**メゾ・システム**は，子どもが参加している家庭や学校などの場の相互関係をいう。家庭と幼稚園の連携が適切であれば幼児の入園やその後の適応はスムーズであろう。家庭と園の教育方針が異なれば，幼児は混乱することになる。**エクソ・システム**はその中に子どもは含まないが，子どもに間接的に影響を与える場，例えば，親の職場，地方自治体，教育委員会，地域産業，マスメディアをいう。親（近年では父親）の職場での育児休業の取得の容易さ，地方自治体の子育て支援策，教育委員会の教育施策（教員配置数など）は子どもの発達の間接的に影響し，安定的な地域産業は地域住民の子どもの養育のための豊かな経済基盤を，またマスメディアは番組や出版物などを通して社会の子育てへの価値観や規範に影響する。最も外延にある**マクロ・システム**はその社会の支配的な信念やイデオロギーである。日本では近年女性労働の増加が見られ，「男は仕事，女は家庭」という考えへの賛成率は低下している（賛成率は1979年＝

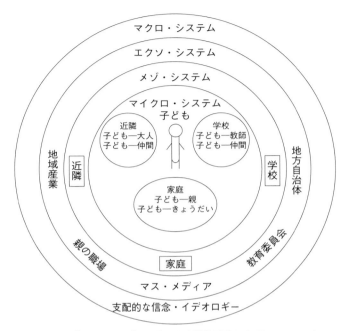

図 1-3　ブロンフェンブレンナーの生態学モデル（中澤, 2009, p. 108）

72.6%，2014年 = 44.6%；内閣府, 2014）。このような社会がもつ信念はほかの
システムに影響する。

　子どもの発達においては，マイクロシステムにおける子どもと周囲の人々と
の直接的関係（特に親子関係）が注目されがちだが，ブロンフェンブレンナー
の生態学的モデルは，マイクロシステムも他のより大きなシステムとの関係の
中で働いていることを示している。

　以上のように発達の理論は多様であり，1つの理論で発達の全ての側面を説
明するものはない。それだけに発達という現象は複雑で，科学的解明の余地が
まだ多くあるといえる。

キーワード

　発達：「受精から死に至るまでの人の心身の機能の変化」をいう。英語では development
であるが，これは語源的には巻いてあるものが広がることを意味し，生まれつきもって

いるものが自然に展開する様をいう。しかし現在の発達心理学では，発達には生まれつき（遺伝）と環境の双方が働いていると考えられている。

発達と成長：「発達」は上記のように心と体双方の変化をいう。「成長」は生物学的な側面，身体的な側面，また成体に至るまでの変化をいう。心をもたない植物や複雑な心理機能をもたない動物の場合は「成長」が使われる。

■ 引用文献

安藤寿康（2000）．心はどのように遺伝するか　講談社

Ariès, P.（1960）. *L'Enfant et la vie familiale sous l'Ancien Regime*. Plon.（アリエス，P. 杉山光信・杉山恵美子（訳）（1980）.〈子供〉の誕生　アンシァン・レジーム期の子供と家族生活　みすず書房）

Bandura, A.（1986）. *Social foundations of thought and action : A social cognitive theory*. Englewood Cliffs, NJ : Prentice Hall.

Bandura, A., Ross, D., & Ross, S. A.（1961）. Transmission of aggression through imitation of aggressive models. *Journal of Abnormal and Social Psychology, 63*, 575–582.

Bronfenbrenner, U.（1979）. *The ecology of human development*. Cambridge, MA : Harvard University Press.（ブロンフェンブレンナー，U. 磯貝芳郎・福富　護（訳）（1996）. 人間発達の生態学（エコロジー）　川島書店）

Erikson, E. H.（1963）. *Childhood and society*. New York : Norton.（エリクソン，E. H. 仁科弥生（訳）（1977）. 幼児期と社会　みすず書房）

Freud, S.（1905）. *Drei Abhandlungen zur Sexualtheorie*. Wien : Deuticke.（フロイト，S. 懸田克躬・吉村博次（訳）（1969）. 性欲論三篇　フロイト著作集5　性欲論・症例研究（pp. 7–94）　人文書院）

保坂　亨・中澤　潤・大野木裕明（2000）．心理学マニュアル面接法　北大路書房

鎌原雅彦・宮下一博・大野木裕明・中澤　潤（1998）．心理学マニュアル質問紙法　北大路書房

Kuhl, P. K., Stevens, E., Hayashi, A., Deguchi, T., Kiritani, S., & Iverson, P.（2006）. Infant show a facilitation effect for native language phonetic perception between 6 and 12 months. *Developmental Science, 9*, F12–F21.

文部科学省（2019）．令和元年度学校保健統計調査

内閣府（2014）．女性の活躍推進に関する世論調査

中澤　潤（1992）．社会的学習理論　東　洋・繁多　進・田島信元（編）　発達心理学ハンドブック（pp. 214–230）　福村出版

中澤　潤（編）（2009）．発達心理学の最先端　あいり出版

中澤　潤（2015）．発達検査　児童心理学の進歩2015, *54*, 195–221.

中澤　潤・大野木裕明・南　博文（1997）．心理学マニュアル観察法　北大路書房

中澤　潤・杉本直子・中道圭人（2004）．イメージ画に見られる学生の素朴発達観　千葉大学教育実践研究, *11*, 149–163.

Piaget, J.（1952）. *La psychologie de l'inteligence*. Paris : Librairie Armand Colin.（ピアジェ，J. 波多野完治・滝沢武久（訳）（1967）. 知能の心理学　みすず書房）

Preyer, W.（1882）. *Die Seele des Kindes*. Fernau.

Vygotsky, L. S.（1934）. *Мышление и речь；Myshlenie i rech*.（ヴィゴツキー，L. S. 柴田義松（訳）（2001）. 思考と言語　新訳版　新読書社）

Wood, D., Bruner, J. S., & Ross, G.（1976）. The role of tutoring in problem solving. *Journal of Child Psychology & Psychiatry, 17*, 89–100.

コラム1　対人援助およびそれに関わる研究を行う上での倫理的配慮

　児童生徒の心身の成長に役立つ新たな支援の開発や，どのような支援が有効なのかを確認するための研究が数多く実施されることで，より健やかで活気のある社会が作られることにはみな同意するだろう。ただしそれは，①これらの取り組みで対象者の受ける利益が最大限に高められている限り，という前提がある。同様に②取り組みの内容を理解し参加に同意するといった自由意思が，その対象者に保障されている限りにおいてである。以下で『人を対象とする医学系研究に関する倫理指針』（文部科学省・厚生労働省, 2014）を参考に，対人援助およびそれにかかわる研究を行う上での倫理を確認していこう。

　(1) 協力者の利益の最大化　　このことには，実施しようとする取り組みが対象者にどのような**介入**を行い，それがどれほどの**侵襲**をもつのか，という問題がかかわっている。介入とは，人の健康に影響を与える要因を制御・操作することを指す。侵襲とは，対象者の身体や精神に与える傷つきの程度・負担の程度を指す。例えば，授業内容の理解度は学校満足度を高めることがわかっているので，それを促進する新しい教授法を行うことは，児童生徒に（心理的に）介入しているといえる。また10分程度で行われる教授法であれば「侵襲は軽微」といえるが，これによって児童生徒の緊張・不安度が高まるとすれば，それは「侵襲が高い」といえる。

　どのような取り組みを行うとしても，それが対人援助行為である以上，介入や侵襲は避けられない場合が多い。重要な点は，それらが実施者（および対象者）に十分に把握され，最小限に減らす試みが行われ，そして，その取り組みや研究を通して対象者が受ける利益が不利益を上回るようにすることである。

　では，利益を高めるにはどうすればよいのか？　重要なことは，実施しようとする取り組みを丁寧に練り上げることである。実施上の計画は具体的かつ綿密なものにし，実施する内容は先行事例・研究の結果を十分に踏まえたものにして，倫理的妥当性と科学的合理性の確保に努めるべきである。さらに，取り組みによっては企業などから援助を受けることもある。この場合，企業の意向により取り組みの方向性や結果が影響される可能性が生じる（これを**利益相反状態**という）。それについても事前に把握しておくことが取り組みの透明性を高めることになり，対象者の利益につながる。

　(2) 自由意思の保障　　取り組みに参加する時に，参加者が取り組みに関する十分な情報を得て（情報），その意味を理解しており（理解），これらを判断材料にして外部から何らの制限を受けず自由に考えて（自発性），参加の同意を行えるよう配慮すべきである（このように，情報の説明を受けることと同意することを合わせて**インフォームド・コンセント**と呼ぶ）。説明されるべき情報としては，その取り組みの目的や意義とその方法，参加することで生じる負担，結果として生じる利益やリスクなどがある。加えて，このインフォームド・コンセントが適切に行われたことの証拠として，対象者（未成年の場合はその保護者も）から同意の証（最も有効な形式は署名）を得る必要もある。さらに，同意をいつでも取り下げられる自由があることも伝わっているか，必要に応じて対象者の保護者

にも情報を十分に提供できているかなどを丁寧に検討する必要がある。

　新たな取り組みが開始した後にも行われるべき配慮がある。それは③個人情報の保護と管理，④データや資料の公表・破棄ルールの遵守である（なお，これらの点も②で対象者に説明されるべきである）。

　(3) 個人情報の保護と管理　　個人情報とは，対象者個々人を特定・識別できる情報を指す。氏名や住所以外にも，生年月日や学校名などの固有名詞からも十分特定が可能である。援助を行う場合には，対象者の病歴や社会的身分にかかわる情報を得ることもあるだろう。これら要配慮個人情報も厳重に管理する必要がある。管理においては，データの管理を行う際には個人名は使用せずコード番号を割り当てて匿名化し，コード番号と氏名の対照表は別枠で保存し，いずれもインターネットに接続できない環境で，個人情報取り扱い担当者のみしかアクセスできないようにするなど，手続きのルール化が重要である。

　(4) データの公表・破棄の手続きの遵守　　実施報告や研究発表を行う際には個人情報を取り除き，個人を特定できない形にすることはいうまでもない。また対象者に，参加途中での同意の撤回の自由を保障したように，発表が行われた後も自身のデータを取り下げる申請を行う自由を残すべきである（この取り下げは**オプトアウト**と呼ばれる）。個人情報流出のリスクをいつまでも残さぬよう，実施報告終了後3年で資料は破棄する，破棄の際は上記の担当者がシュレッダーを用いて破棄するなど事前に明文化し，そのルールを守る必要もある。

　さらにいえば，取り組み結果の信頼性を高い水準で保つために，研究結果の盗用・改ざん・捏造などを行わないことは当然のことである。またこれらの配慮が十分になされているかを検討するため，第三者委員（一般的には実施者が所属する機関の倫理審査委員会）の審査を受ける必要がある。

　これらの準備は煩雑に感じられるかもしれない。しかし対象者は，尊重されるべき1人の人間なのである。あなたが自由に何を行っても許される対象ではないことを忘れないでほしい。

引用文献
文部科学省・厚生労働省(2014). 人を対象とする医学系研究に関する倫理指針　https：//www.mhlw.go.jp/file/06-Seisakujouhou-12600000-Seisakutoukatsukan/0000168764.pdf（2020年3月31日）

胎児期

2

◎ **本章のポイント**

　私たちヒトの発達は出生前，胎内にいる時から始まる。本章では，ヒトの発達のはじまりである胎芽・胎児期の身体の形成から，触覚や聴覚などの感覚の発達，そして胎児の発達に環境が与える影響を解説する。

　出生前は，出生後の環境でヒトとして生きていくために必要な身体や心の機能を準備する時期である。本章では，まず，ヒトの身体や脳が，出生までにどのように形成されていくのかを学ぶ。また，さまざまな基盤が作られる胎芽・胎児期も，すでに環境から大きな影響を受けている。胎芽・胎児期の環境は，ヒトの発達にどのような影響を及ぼすのかについて学ぶ。

1. 生物としてのヒト

[1] ヒトとしての進化：直立二足歩行と脳の大型化

　ヒトは，哺乳類霊長目ヒト科に属するホモ・サピエンス（*Homo sapiens*）という動物の一種である。ホモ・サピエンスは，ラテン語で「知恵のある（＝*sapiens*）人（＝*homo*）」を意味する。ヒト最大の特徴の1つは完全直立二足歩行が可能なことであり，これは脳を大きくする上で有利に働いた。四足歩行の動物では，頭部を背中や首の筋力で支えているため，脳の大きさ（重量）には一定の限界があった。一方，ヒトの頭部は脊柱の支えの上に乗っているため，少ない筋力でより大きな脳を支えることが可能になったのである。

　そして，直立二足歩行は移動の時にも自由に手を使うことを可能にし，ヒトは道具を使った生活をするようになった。さらに，道具と火を使うことで食事から豊かな栄養を摂れるようになった。このため，ヒトの脳は進化の中で急速に大型化した。例えば，最初の人類であるアウストラロピテクスの脳はおよそ400mlで，チンパンジーの脳容積と同程度であった。それから，ヒト属の最初

の祖先であると考えられるホモ・ハビリスは約700mlに，約70万年前に生存し最初に火を使うようになったと考えられるホモ・エレクトスは約900mlになり，現代人の脳は約1,200〜1,400mlまでに大型化した。

■［2］ヒトの出産の独自性

哺乳動物は，出生の特徴から**就巣性**と**離巣性**に分けられる（Portmann, 1951）。就巣性の動物（例：ネズミ）では妊娠期間が短く（20〜30日程度），生まれてくる赤ちゃんは姿や動きが大変未熟で，親の保護を受けて育つ期間が長い。一方，離巣性の動物（例：ウマ）では妊娠期間が比較的長く（50日以上），生まれてくる赤ちゃんの姿や動きは，既に親と同じようである。霊長目ヒト科に属するチンパンジーやゴリラは，離巣性の動物に分類される。しかし，ヒトは妊娠期間等では離巣性の動物に類似しているが，その新生児は成人に比べ姿や動きが未熟な状態で生まれる。つまり，ヒトは離巣性の動物でありながら，就巣性の特徴も有する「**二次的就巣性**」という特殊な種である。

二次的就巣性であるヒトでは，自分で歩き，言葉を話すまでには，出生してから1年ほどかかる。ポルトマン（Portmann, 1951）は，ヒトはみな早産で生まれてくるとし，これを「**生理的早産**」と表現した。脳の大型化によって頭部の大きくなったヒトの胎児は，十分に発育してからでは直立二足歩行により狭くなった母親の産道を通ることができなかった。初期の人類は，無事に出産できない者も多かったと考えられ，ヒトは進化の中で赤ちゃんを早産するように変化してきたと考えられている。

2. 胎児の身体や脳の発達

■［1］受精から出生までの身体発達

女性の体内に入った1億を超える精子のうち，通常1つだけが卵子に受精し，受精卵になる。ヒトの発達は，この受精卵から始まる。受精卵は2個の細胞に，さらに4個，8個，16個…と細胞分裂を繰り返し，ヒトの身体を形成する。

胎内での身体発達は，大きく3つの時期に分かれる。まず，受精から着床までの期間は「卵体期」と呼ばれる。受精卵は細胞分裂しながら，卵管を通り子

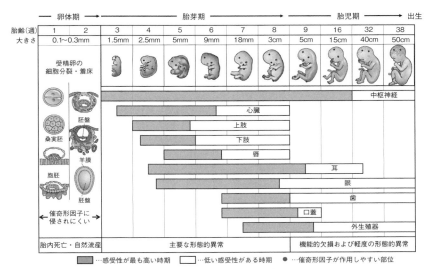

図 2-1　受精から出生までの発達と催奇形因子への臨界期（Moore et al., 2016を一部改編）

宮へと徐々に移動する。受精後3〜4日目で桑実胚になり，4〜5日目にはさ
らに細胞分裂を繰り返し，受精卵はヒトの身体を形成する胞胚と，胎盤を形成
する栄養膜になる。そして受精から7日経った頃，受精卵が子宮壁に着床し，
妊娠と呼ばれる状態になる。一般的に，「胎齢（在胎期間）」には最終月経日を
1日目とする最終月経齢を用いるが，実際に受精が起こるのは排卵時であるた
め，平均2週間ほどのずれがある。

　続く着床〜受精後8週目までの時期は「胎芽期」と呼ばれる。胎芽期には，
胞胚が細胞分裂を繰り返しながら，消化器官や肺を形成する内胚葉，骨や筋肉
を形成する中胚葉，神経系や皮膚を形成する外胚葉になる。受精後3週目の終
わりには，心臓のもととなる心筋細胞が拍動を始め，4週目頃には心臓を形成
する。受精から5〜6週目頃の「胎芽」は1.0cm未満の大きさでありながら，す
でにヒトらしい見た目になる。8週目頃には，2.5〜3.0cmほどの大きさになり，
目や耳，鼻がはっきりする。胎芽期は各器官の基盤が作られる時期であるため，
この時期に受ける悪影響は，奇形や臓器の形成不全につながりうる（図2-1）。

　そして，受精後9週目から出生までは「胎児期」と呼ばれ，正確にはこの時

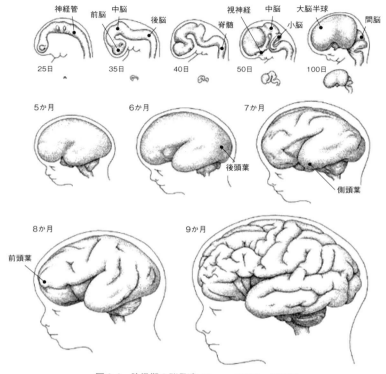

図 2-2　胎児期の脳発達（Cowan, 1979を一部改編）
注）25日～100日の上段は5か月以降に合わせて拡大したもの。

期から赤ちゃんは「胎児」となる。胎児期のはじめには外生殖器が形成され，
胎児の姿から性別を判別できるようになる。受精後20週頃，胎児は25cmほど
に成長し，外からも確認できるほどに身体をたくさん動かすようになり，微笑
みやあくびなどの表情筋の動きも示すようになる（秦, 2016）。

　およそ40週を胎内で過ごした胎児は，出生時には身長約50cm，体重約3,000
gになる。しかし，全ての赤ちゃんが40週で生まれるわけではない。在胎37週
未満で生まれる新生児を早産児，反対に在胎42週以上で生まれる新生児を過期
産児と呼ぶ。医学の進歩により，多くの早産児が生存していくことができ，特
に日本の周産期死亡率（在胎22週から出生後1週間の死亡率）は諸外国に比べ

て低い（母子衛生研究会, 2019）。また，新生児の生存・発達の状態を把握する
上では，在胎週数のほかに体重も重要な指標となる（詳細は第4章参照）。

■ [2] 胎児期の脳の形態的な発達

　ヒトの脳の発達は，胎芽期の神経細胞の発生に始まる。受精後16〜18日頃，
外胚葉の一部が神経細胞となって神経板を形成する。そして受精後3週頃には，
神経板の両端が輪を作るように結合し，神経管と呼ばれる管になり，神経管の
先端に脳の基盤を形成する。受精から5〜6週頃には，大脳の基盤となる前脳
や，中脳などが形成される。その後7か月頃には，脳の表面に大脳溝といわれ
る皺が現れ，9か月で成人と同じような見た目になる（図2-2）。
　受精からはじめの数か月は，主に脳が形作られる時期である。胎児の脳は，
4か月頃では約20〜30gであり，その後，脳重量が急速に増加し，出生頃には
約400gまで増加する。脳重量の増加は，出生後では神経細胞を支える役割を
果たすグリア細胞などの増加により生じるのに対して，出生前の胎児期では細
胞分裂による神経細胞の増加により生じており，ヒトの脳を形成するほとんど
の神経細胞が出生前に作られる。ただし出生後でも，海馬や扁桃体といった一
部の脳領域では，新たな神経細胞が作られている（Oliverio & Oliverio, 2004）。

■ [3] 胎児期の脳の神経学的な発達

　ニューロンは情報の伝達を担う神経細胞である（図2-3・左）。軸索が神経
細胞から他の神経細胞へと伸び，軸索の先端に他のニューロンとの接合部であ
るシナプスを形成することで，情報を伝達するネットワークが作られる（図2-
3・右）。シナプスと他のニューロンとの間には隙間があり，軸索を通って伝
わった興奮（発火や活動電位と呼ばれる場合もある）は神経伝達物質（例：ドー
パミン）に変換され，隣のニューロンに情報が伝わる。出生時までに1,000億
を超えるニューロンが形成されており，新生児のニューロンは成人よりも多い。
　新しいニューロンは脳の深層部（内側）で発生し，グリア細胞を足場に適切
な位置に向かって表層部（外側）へと移動する。移動したニューロンが定着す
ると，新たなニューロンがさらに外側に層を形成し，最終的にヒトの大脳は6
つの層になる。脳の深層部で新しく発生したニューロンは，胎児の脳にだけみ

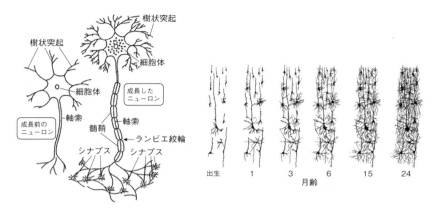

図2-3　ニューロンの構造（左）(Heary, 1994　を一部改編) と出生から2年間のシナプス形成（右）
(Leisman et al., 2012)

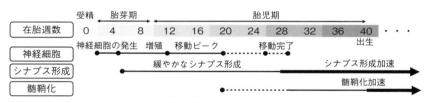

図2-4　胎芽・胎児期の脳発生 (宇田川・日野, 2016を一部改編)

られる脳の形成に特化したニューロン（サブプレート）からの信号を受け，適切な位置へ移動する(Ohtaka-Maruyama et al., 2018)。移動したニューロンは，周りのニューロンとシナプスを形成し，ネットワークを構築する。

　シナプスで接合したニューロンが，情報の伝達を速く，効率的に行うために重要となるのが「髄鞘化」である。髄鞘化は，髄鞘（ミエリン）という絶縁体の膜によって軸索が覆われることをいう。髄鞘化した軸索では興奮が生じず，軸索が露出した部分（ランビエ絞輪）のみで興奮が生じる跳躍伝導が起こるようになり，情報の伝達速度が著しく高まる。髄鞘化は受精後20週頃から始まる（図2-4）が，髄鞘化が起こる時期は領域で異なり，前頭前野などの脳領域では青年期まで続く。胎児期の髄鞘化は，運動や感覚を制御する脊髄部や，呼吸などの機能を制御する延髄，視覚や聴覚を調整する中脳を含む脳幹部といった，生命維持に重要な領域で早く始まる。

■ 3. 胎児期の認知の発達

　胎児の認知能力は，本来ならまだ胎内にいるはずの早産児を対象にした研究
や３Ｄ／４Ｄ超音波を使用した研究により検討され，特に感覚の発達が明らか
にされてきた。さらに，胎児期から新生児期にわたる縦断的な研究等から，胎
児でも感覚経験を学習し，記憶する能力をもつ可能性が示されている。

■ [1] 胎児の感覚の発達

(1) 触　　覚

　五感のうち，触覚は胎児期で最も早く発達する感覚である。「受精から８週
相当に早産した胎芽が口元の刺激に対して反応した」という報告（Hooker,
1952）もあり，胎芽期の段階で既に触覚は機能しているようである。口唇部の
触覚の発達が最も早く，７か月頃までに胎児は全身で刺激を感じることができ
るようになる。また，在胎25週に相当する早産児は採血される時に，成人が痛
みを感じる時と同様の脳活動を示す（Slater et al., 2006）。このため，胎児で
も痛みを感じていると考えられている。

(2) 聴　　覚

　ヒトの聴覚も早く発達し，胎児期から機能している感覚である。ヒトの聴覚
を支える器官（内耳）は，受精から４週目頃に形成され始め，20〜22週頃まで
に成人と同じような形，大きさになる。超音波を用いた研究（Hepper & Sha-
hidullah, 1994）によると，受精から19週以降の胎児は外から聴こえる音に反
応して，頭や腕を動かすようである。

(3) 味覚・嗅覚

　味を感じる器官である味蕾は，受精後11〜13週頃に形成される。12週頃には
胎児は羊水の味を感じているようである。発達が進むにつれ，胎児は羊水をよ
く飲むようになる。８か月頃の胎児は，母親の腹部から羊水に人工甘味料を注
入して甘くすると羊水を多く飲む（de Snoo, 1937）。反対に，苦い成分を注入

すると，胎児は羊水を飲む回数を減らす。

　また，鼻で匂いを感じるための細胞は受精から7週目頃に発生し，胎児の鼻は11〜15週頃に形成される。胎児は羊水の中にいるため，彼らが匂いをどのくらい感じているのかを直接的に検討することは難しい。ただ，早産児を対象とした研究では，在胎29週〜32週頃にはミントなどの匂いを感じとれる可能性が示されている（Schaal et al., 2004）。

(4) 視　　覚

　視覚は最もゆっくり発達する感覚であり，出生後もその発達が続く。光などの視覚情報を感知し，脳に伝えるための神経網膜の原型は受精から6週目頃に発生し，18週頃には視神経が大脳と結びつく。眼球の構造的には視覚情報を知覚できる状態になるが，この時点では胎児の視覚は成人と同じように機能していない。早産児を対象とした研究によると，胎児が眼で光を感じ取れるようになるのは在胎26週頃のようである（常石, 2008）。

■ [2] 胎児の弁別能力や記憶能力

　在胎33週を過ぎた頃には，胎児は既に感覚経験を記憶し，弁別できるようである。例えば，胎内にいる胎児の眼の辺りに向けて，正三角形と逆三角形に配置された3つの点の光（図2-5）を母親の腹部の外から当てると，胎児はヒトの顔のような逆三角形の光の方へ多く顔を向ける（Reid et al., 2017）。この

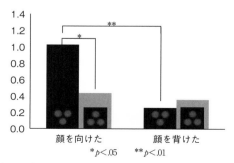

図2-5　各刺激に対して胎児が頭を回転させた回数の平均
（Reid et al., 2017）

ことから，この時期の胎児は簡単な形の違いを弁別できると考えられる。さらに，胎児であっても，「顔」に対する好みを示したため，目と口のような逆三角形の光の方へ多く顔を向けた可能性がある（詳細は第3章参照）。

　また，デカスパーたち（DeCasper et al., 1994）は，妊娠33～37週の母親に，1日3回「ひよこ」または「小さなヒキガエル」の詩を音読することを4週間続けてもらった。4週間後，母親の腹部にスピーカーを当て，2つの詩を流した時の胎児の心拍数を記録した。すると，胎児の心拍数は母親が音読していた詩が流れた時には減少し，音読していない詩の時には変化しなかった。胎児は馴染みがある詩と新奇な詩を区別し，馴染みがある詩を聴いて安心したために，心拍数が減少したと考えられる。

　さらに，胎児は羊水を通して胎内で感じた味や匂いを，出生後まで記憶しているようである。例えば，生後2日目の新生児は，コットンに浸み込ませた母親の羊水や母乳の匂いと蒸留水の匂いを区別できる（Marlier et al., 1998）。また，妊娠後期の連続した3週間で，母親が300mlのキャロットジュースを週4回飲んでいた場合，キャロットジュースを飲んでいない場合に比べて，生後4週の新生児はキャロット味のベビーフードを好む（Mennella et al., 2001）。

■ 4．胎児期の発達にかかわる問題

■ [1] 胎児への母体環境の影響

　胎盤と臍帯によって母親から栄養や酸素を摂取する胎児は，その環境の全てを母親と共有している。そのため，母親が取り入れた物質によって，胎児の発達は直接的に影響される。胎児の発達を妨げる作用がある物質は**催奇性物質**（テラトゲン）と呼ばれる。例えば，母親には適量で，適切な成分である風邪薬や鎮痛剤も，身体が小さく未発達な胎児には有害となる。また，催奇性物質のほかに，母親のストレスや栄養状態も胎児の発達に影響する。ここでは，胎児の発達に影響を与えうる主な母体環境要因について説明する。

（1）アルコール

　妊娠中のアルコール摂取は，胎児の発達に非常に大きなリスクをもたらす。

例えば，「**胎児性アルコール症候群**（Fetal Alcohol Syndrome：FAS）」がある。胎児性アルコール症候群の主な特徴は，身体発達の遅れや知的障害，顔の奇形などである。これ以外にも，アルコールは ADHD 発症を誘発するなど，その悪影響は出生後の認知機能の多岐にわたるため，**胎児アルコールスペクトラム障害**（Fetal Alcohol Spectrum Disorders：FASD）とも表現される（Mattson et al., 2019）。また，大きな障害がない場合でも，妊娠中の母親のアルコール摂取は，乳幼児期の子どもの行動的な問題の多さをもたらしうる（Lund et al., 2020）。

(2) 喫　　煙

　喫煙によって取り込まれたニコチンや一酸化炭素は，母親と胎児が全身へ十分な酸素を運ぶことを妨げる。母親が喫煙していた場合，その子どもは低体重や小さい脳重量で出生するリスクが高い（Marroun et al., 2014）。また，胎児期に喫煙の影響を受けた子どもは，学齢期に抑制制御にかかわる脳活動が弱く，注意欠如の傾向がある（Boucher et al., 2014）。さらに，母親の周りに喫煙者がいる環境も，低出生体重や早産を引き起こしうる（Leonaldi-Bee et al., 2008）。

(3) ストレス

　飲酒や喫煙といった物質的な要素だけでなく，母親のストレスといった心理的要素も，胎児の発達に悪影響をもたらしうる。例えば，妊娠中に母親のストレスが高い場合，早産や低体重での出生，そして出生後の社会情動的な問題をもたらす可能性がある（Stein et al., 2014）。また，妊娠中に母親が経験した強いストレスは，子どもの ADHD や自閉症スペクトラム障害などの発症をもたらす可能性も示されている（Ronald et al., 2011）。

(4) 栄養状態

　胎児の発達は，母親の栄養状態の影響も受ける。例えば，母親が摂食障害（神経性食欲不振症）である場合，摂食障害でない場合に比べ，その子どもは低出生体重になるリスクが高い（Micali et al., 2007）。また，摂食障害でない場合も，妊娠中期〜後期に母親の栄養が欠乏した場合（1 日の摂取カロリーが1,000

cal 未満），子どもが低出生体重で小さい頭囲になる可能性がある（Painter et al., 2005）。胎児の発達は，妊娠中の母親の栄養欠乏によって抑制されうる。

■ [2] 胎児期の母体環境の長期的な影響

　胎児期の環境は，発達初期の問題だけでなく，数十年後の生活習慣病などの発症リスクにつながる可能性もある（**胎児プログラミング仮説**）。例えば，胎内発育の指標の1つは出生体重であり，低体重で生まれたヒトほど，60歳頃の時点で糖尿病や肥満，心疾患などの罹患率が高くなる（Barker et al., 1993）。

　これは，胎児期の栄養欠乏などによって，「少ない栄養の環境でも生きていけるように」遺伝子の発現型が変化する現象（**エピジェネティクス**）が起こるためであると考えられている（Gluckman & Hansono, 2004）。栄養欠乏に曝された胎児の遺伝子は，出生後の栄養環境がよくないことを予測し，少ない栄養も最大限に蓄えられるように準備をする。このような遺伝的な準備がなされたヒトにとって，通常の量の栄養は過剰なものとなるため，結果として肥満や生活習慣病になるリスクが高くなる。

■ [3] 妊娠による母親への身体的・心理的変化

　妊娠した母親は40週ほどの短い間に，体型の変化や平均7〜10kgの体重増加，悪阻などの急激な生理的，身体的変化を経験する。また，胎動を感じることで，子育てへの期待感や親としての責任感が芽生える一方，不安感やイライラを感じやすくなったり，子育てと仕事の両立にかかわる葛藤が生じる場合もある。妊娠中の母親が抱えるストレスは，胎児の発達への影響だけでなく，母親自身の妊娠中および産後の抑うつ，胎児への否定的感情とも関連し（安藤・無藤, 2006），その結果として出生後の不適切な養育態度をもたらす可能性がある。

■ [4] 妊婦健康診査の意義と方法

　妊娠がわかってから出産を迎えるまで，母親は**妊婦健康診査**を受ける。健診では，母親の健康状態や胎児の発育状態の診察，また，希望者は胎児の先天性異常の出生前診断などを行う。医療技術の進歩によって，胎児にも手術や投薬が可能であるほか，安全な分娩方法の選択や出生後の準備を整えることにより，

表 2-1　主な出生前診断の種類 (柿ヶ野, 2018および佐々木ら, 2013を参考に作成)

検査名［実施時期］	侵襲的検査	確定診断	検査の概要
絨毛検査 ［10〜14週］	○	○	胎盤の一部（絨毛）を注射針等で採取し，胎盤に含まれる胎児の細胞から，遺伝性疾患や染色体異常を確定診断できる。
羊水検査 ［15週〜19週］	○	○	羊水を注射針で採取し，羊水に含まれる胎児の細胞から，遺伝性疾患や染色体異常を確定診断できる。
超音波検査 ［全期間（スクリーニングとして11〜13週，18〜20週）］	―	―	スクリーニングの検査としても用いられる。映像化された胎児の姿から，形態異常の有無を確認する。妊娠初期の検査では，NT（胎児後頭部の皮下浮腫）の厚さなど，複数の評価を掛け合わせ，染色体異常のリスクを算出する。
母体血清マーカー検査 ［15週〜18（21）週］	―	―	母親の血液に含まれるホルモンなどから，胎児の染色体異常の発生確率を算出する。
NIPT（新型出生前検査） ［10週〜］	―	―	Non-Invasive Prenatal Genetic Testing（非侵襲的出生前遺伝学的検査）の頭文字をとって NIPT といわれる。母親の血液中に含まれる胎児の DNA から，胎児の染色体異常の有無を検査する。

新生児の生存率を向上させることができる点で，妊婦健康診査は意義深い貢献を果たしている。

　胎児の先天性異常の出生前診断には，侵襲的検査と非侵襲的検査がある（表 2-1）。羊水検査や絨毛検査といった侵襲的検査は，低い確率で流産のリスクがあるものの，胎児の細胞から情報を得ることで遺伝性疾患や染色体異常を確定診断できるメリットがある。一方，超音波検査や母体血清マーカー検査といった非侵襲的検査は，流産等のリスクはほとんどないものの，間接的な診断となるため，胎児の障害の有無を確定することはできない。

5.　胎児から新生児へ

　およそ40週を胎内で過ごした胎児は，出生によって，まるで水中生物から陸

上生物になるように，これまでとは全く異なる環境に生きることになる。胎盤
と臍帯を用いた胎児循環から，胎児の肺を満たしていた羊水は絞り出され，肺
には空気が入って膨らみ，肺から酸素を取り込む血液循環に切り替わる。胎外
に出た新生児は，胎内とは異なる多くの刺激を受けることになる。光や音，温
度などの感覚，そして他者とのかかわりが，ヒトの心を発達させていく。

キーワード

　ふたご（多胎児）：一回の妊娠で同時に発達する 2 人以上の赤ちゃんをふたご（多胎児）
という。ふたごには一卵性と二卵性がある。一卵性は，1 つの受精卵が 2 つに分裂し，
それぞれが胎児となる。二卵性は，2 つの受精卵がそれぞれ発達する。一卵性のふたご
は同じ DNA をもつ一方，二卵性のふたごの DNA 一致度はきょうだいと同程度（約50％）
である。

　胎児循環：胎児循環の主な特徴は，肺や肝臓に血液がほとんど流れ込まず，これらの
器官の機能を胎盤が担う点である。胎児の全身に酸素等を送った血液は胎盤に戻る。胎
盤で母親へ二酸化炭素や老廃物を送り，酸素や栄養を受け取る。胎児と母親の血液は直
接行き来するのではなく，胎盤を介して物質交換のみが行われる。

■ **引用文献**

安藤智子・無藤　隆(2006)．妊娠期の抑うつと胎児への感情に関する仮説モデルの検討　小児保健研究，*65*，666-674.

Barker, D. J., Hales, C. N., Fall, C. H., Osmond, C., Phipps, K., & Clark. P. M. (1993). Type 2 (non-insulin-dependent) diabetes mellitus, hypertension and hyperlipidaemia (syndrome X): Relation to reduced fetal growth. *Diabetologia, 36*, 62-67.

母子衛生研究会(2019)．母子保健の主なる統計―平成30年度刊行―　母子保健事業団

Boucher, O., Jacobson, J. L., Burden, M. J., Dewailly, É., Jacobson, S. W., & Muckle, G. (2014). Prenatal tobacco exposure and response inhibition in school-aged children: An event-related potential study. *Neurotoxicology and Teratology, 44*, 81-88.

Cowan, W. M. (1979). The development of brain. *Scientific American, 241*, 113-133.（コーワン，W. M. 天野武彦（訳）(1979)．脳の発生　サイエンス，*9* (11), 69-81）

DeCasper, A. J., Lecanuet, J. P., Busnel, M. C., & Maugeais, R. (1994). Fetal reactions to recurrent maternal speech. *Infant Behavior and Development, 17*, 159-164.

de Snoo, K. (1937). Das trinkende Kind im Uterus. *Monatsschr Geburtshilfe Gynäkol, 105*, 88-97.

Gluckman, P. D., & Hansono, M. A. (2004). Living with the past: Evolution, development, and patterns of disease. *Science, 305*, 1733-1736.

秦　利之(2016)．胎児の表情の発達　発達，*37*，15-19.

Hearly, J. M. (1994). *Your child's growing mind.* New York: Doubleday.（ハーリー，J. M. 西村辨作・原幸一（訳）(1996)．よみがえれ思考力　大修館書店）

Hepper, P. G., & Shahidullah, S. (1994). Development of fetal hearing. *Archives of Disease in Childhood, 71*, F81-F87.

Hooker, D. (1952). *The prenatal origin of behavior*. Lawrence: The University of Kansas Press.

柿ヶ野藍子 (2018). 出生前遺伝学的検査　母体血清マーカー，胎児エコーマーカー（胎児後頸部浮腫）　*Neonatal Care, 31*, 12-15.

Leisman, G., Machado, C., Melillo, R., & Mualem, R. (2012). Intentionality and "free-will" from a neurodevelopmental perspective. *Frontiers in Integrative Neuroscience, 36* (6), 1-12.

Leonardi-Bee, J., Smyth, A., Britton, J., & Coleman, T. (2008). Environmental tobacco smoke and fetal health: Systematic review and meta-analysis. *Archives of Disease in Childhood - Fetal & Neonatal Edition, 93*, F351-F361.

Lund, I. O., Eilertsen, E. M., Gjerde, L. C., Torvik, F. A., Roysamb, E., Reichborn-Kjennerud, T., & Ystrom, E. (2020). Maternal drinking and child emotional and behavior problems. *Pediatrics, 145* (3), 1-10.

Marlier, L., Schaal, B., & Soussignan, R. (1998). Neonatal responsiveness to the odor of amniotic and lacteal fluids: A test of perinatal chemosensory continuity. *Child Development, 69*, 611-623.

Marroun, H. E., Schmidt, M. N., Franken I. H., Jaddoe, V. W., Hofman, A., Lugt, A., Verhulst, F. C., Tiemeier, H., & White, T. (2014). Prenatal tobacco exposure and brain morphology: A prospective study in young children. *Neuropsychopharmacology, 39*, 792-800.

Matton, S. N., Bemes, G. A., & Doyle, L. R. (2019). Fetal alcohol spectrum disorders: A review of the neurobehavioral deficits associated with prenatal alcohol exposure. *Alcoholism, 43*, 1046-1062.

Mennella, J. A., Jagnow, C. P., & Beauchamp, G. K. (2001). Prenatal and postnatal flavor learning by human infants. *Pediatrics, 107*, 17-20.

Micali, N., Simonoff, E., & Treasure, J. (2007). Risk of major adverse perinatal outcomes in women with eating disorders. *British Journal of Psychiatry, 190*, 255-259.

Moore, K. L., Persaud, T. V., & Torchia, M. G. (2016). *The developing human: Clinically oriented embryology* (10th ed.). Philadelphia, PA: Elsevier.

Ohtaka-Maruyama, C., Okamoto, M., Endo, K., Oshima, M., Kaneko, N., Yura, K., Okado, H., Miyata, T., & Maeda, N. (2018). Synaptic transmission from subplate neurons controls radial migration of neocortical neurons. *Science, 360*, 313-317.

Oliverio, A., & Oliverio, A. F. (2004). *Le età della mente*. Milano: RCS Libri S. p. A. （オリヴェリオ，A. & オリヴェリオ，A. F. 川本英明（訳）(2008). 胎児の脳　老人の脳―知能の発達から老化まで　創元社）

Painter, R. C., Roseboom, T. J., & Bleker, O. P. (2005). Prenatal exposure to the Dutch famine and disease in later life: An overview. *Reproductive Toxicology, 20*, 345-352.

Portmann, A. (1951). *Biologische Fragment zu einer Lehre vom Menschen*. Basel: Bennno Schwabe. （ポルトマン，A. 高木正孝（訳）(1961). 人間はどこまで動物か―新しい人間像のために―　岩波書店）

Reid, V. M., Dunn, K., Young, R. J., Amu, J., Donovan, T., & Reissland, N. (2017). The human fetus preferentially engages with face-like visual stimuli. *Current Biology, 27*, 1825-1828.

Ronald, A., Pennell, C. E., & Whitehouse, A. J. (2011). Prenatal maternal stress associated with ADHD and autistic traits in early childhood. *Frontiers in Psychology, 223* (1), 1-8.

佐々木愛子・和田誠司・佐合治彦 (2013). 染色体異常と先天異常症候群の診察ガイド―確定診断法と結果の解釈―羊水検査，絨毛検査　周産期医学, *43*, 289-293.

Schaal, B., Hummel, T., & Soussignan, R. (2004). Olfaction in the fetal and premature infant: functional status and clinical implications. *Clinics in Perinatology, 31*, 261-285.

Slater, R., Cantarella, A., Gallella, S., Worley, A., Boyd, S., Meek, J., & Fitzgerald, M. (2006). Cortical pain responses in human infants. *Journal of Neuroscience, 26*, 3662-3666.

Stein, A., Pearson, R. M., Goodman, S. H., Rapa, E., Rahman, A., McCallum, M., ...Pariante, C. M. (2014). Effects of perinatal mental disorders on the fetus and child. *Lancet, 384*, 1800-1819.

常石秀市 (2008). 感覚器の成長・発達　バイオメカニズム学会誌, *32*, 69-73.

宇田川　潤・日野広大 (2016). 妊娠期の母体ストレスと脳機能形成異常　日本衛生学雑誌, *71*, 188-194.

コラム 2　神経発達症群の概要

　「神経発達症って発達障害のことですよね」。道端で，急にこんな質問をされたら，おそらく「まあ，そうですね」と答えるだろう。ただこの質問，大学の講義中に「米国精神医学会の精神疾患の診断・統計マニュアル第 5 版（DSM-5）に "神経発達症" とありますが，これって教育や福祉の現場で聞かれる "発達障害" を言い換えただけですよね」と質問されたら，「うーん，まあそう…，でもないか。きちんと説明したいので，来週の授業内容を変更してもいいですか」と答えたくなる。

　「神経発達症」とは，医療分野で診断を行うための手引書（DSM-5）で説明されている「知的障害」「自閉症スペクトラム障害（ASD）」「注意欠如・多動障害（AD/HD）」「特異的学習障害（SLD）」「運動障害（発達性協調運動障害 DCD を含む）」などを総称した大項目である。一方，いわゆる「発達障害」は，日本の福祉や教育の法律・施策上の文章に基づく行政用語である。実は日本では，上記 ASD など，脳や中枢神経系の器質的な問題を背景とした，成長・発達の遅れや偏りを発達期に示すものに対する支援は，肢体不自由などの障害のあるものへの支援に比べ，とても遅れていた。遅れていたというより，そうした特性があり社会で困り感を抱えやすいものが "いる" という認識そのものが薄かった。2000年初頭に「これらの特性のある子どもがどのくらいいるのか」を把握するため，国による調査が行われた。結果 6 ～ 7 ％という衝撃的な数値―つまり通常学級に 2・3 人いる―が明らかになる。そして支援の手を差し伸べるため，発達障害者支援法や特別支援教育の開始などをもって，支援システムが構築されていった。

　世間一般の人々はもとより，国・自治体すら認知していなかった対象である。適切な対象に必要な支援を行うべく，これらの子どもや大人のもつ特性（障害）の呼称や定義の確定に向けて，国際的な基準である DSM（あるいはもう 1 つのスタンダートとして WHOによる ICD）を参考にしてきた。ただし，医療 - 教育・福祉，それぞれの分野で専門的な行為を行うことの目的や具体的処遇は異なっている。この意味で，似たような行動・機能的特性をもつ集団を一括りにするための，各障害の呼称・定義・分類には，微妙な違いやずれが生じている（表）。例えば，日本の福祉や学校教育の領域で「発達障害」と述べる場合，知的障害は含まれていないが，国際的な診断基準上では同じグループに含まれている。また，自閉症の扱いについて，国際的な基準では「自閉症スペクトラム障害（症）」となっているが，日本では「自閉症，アスペルガー症候群その他の広汎性発達障害」と表記されている。DSM は，2013年に DSM-IV-TR から DSM-5 へ改訂された。この改訂では，「各種診断名の変更（図）」や「多元的診断の採用（中心的な症状の有無の組み合わせで分類を行うのではなく，むしろ症状は連続体（スペクトラム）の特定の位置にあることを想定し，その重症度を評価する）」に代表されるように大きな変更があった。他方，国内の発達障害者支援法や特別支援教育上の表現は，以前のバージョンの DSM-IV-TR や ICD-10を参考にしている。このため名称にはばらつきがあり，私たちの頭の中でうまく整理・変換を行う必要がある。

　ただこうしたことを考えても，私たちが「発達障害」と呼ぶものは，多くの心理学用語と同じく構成概念であるという理解（石黒, 2019）は重要である。発達心理学を含めた議論の発展の先に，その概念や名前は今後も変化する可能性がある。

引用文献

石黒弘明（2019）.「発達障害」という用語は何を意味するのか：発達障がいを抱える人々の医学的，教育的文脈における分類に関わる諸問題　立教大学教育学科研究年報, *62*, 69–84.

表　各分野での神経発達症／発達障害の定義・内容

	説明	対象とする障害（または疾患）
DSM-5 精神疾患の診断 ・統計マニュアル （アメリカ精神医学会）	上位概念としての「神経発達症／神経発達障害」であり，説明なし	・知的障害 ・自閉症スペクトラム障害 ・注意欠如・多動性障害 ・限局性学習障害 ・運動障害 ・コミュニケーション障害 　　　　　　　　　　　　　　*など*
ICD-11 国際疾病分類 （WHO：世界保健機構）	「神経発達症」とは，特定の知的機能，運動機能，言語機能，あるいは社会機能の獲得と実行において重大な困難を含む，発達期に生じる行動障害ならびに認知障害である。	・知的発達症 ・発達性発話または言語症 ・自閉スペクトラム症 ・発達性学習症 ・発達性協調運動症 ・注意欠如多動症
発達障害者支援法 （厚生労働省） 特別支援教育 （文部科学省）	「発達障害」とは，自閉症，アスペルガー症候群その他の広汎性発達障害，学習障害，注意欠陥多動性障害その他これに類する脳機能の障害であってその症状が通常低学年齢において発現するものとして政令で定めるものをいう。「発達障害者」とは，発達障害がある者であって発達障害及び社会的障壁により日常生活又は社会生活に制限を受けるものをいい，「発達障害児」とは，発達障害者のうち十八歳未満のものをいう	・自閉症，アスペルガー症候群その他の広汎性発達障害 ・学習障害 ・注意欠陥多動性障害

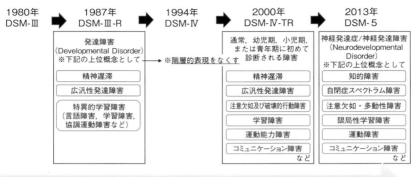

図　米国精神医学会の精神疾患の診断・統計マニュアルならびに日本の対応の変遷

乳児期 Ⅰ

3

◎ **本章のポイント**

　本章では，乳児期の身体や神経系の発達，そして認知の発達について説明する。

・神経発達は基本的な機能を司る脊髄，延髄や橋からはじまり，中脳，そして高度な
　機能を司る大脳へと進み，その過程で乳児は成人と同様の行動ができるようになる。

・乳児は周囲の環境を捉えるのに必要な基本的な感覚を備えて生まれてくる。乳児に
　は多様な社会・文化的環境に適応する用意があるように見える。

・乳児は，他者と密接な関係を築くための社会的認知も備えている。社会的認知能力
　は，親を含む他者との相互作用の中で育つ。

■ 1. 乳児期の身体・神経系の発達

■ [1] 身体発達

　日本の乳児は体重約 3 kg，身長は約50cm で誕生する（図 3 - 1 ）。そして，
1 歳頃には体重約 9 kg，身長は約75cm となる。これには性差があり，女児
より男児で体重・身長ともに大きく生まれ，その差は 1 歳になるにつれて拡
がっていく。

■ [2] 脳の発達

　出生時点で大脳皮質の表面を覆う主な溝はできあがっており，脳の重量は350
～400g に達し， 1 歳になる頃には 2 倍以上の約900g に増加する（Ashwell,
2012）。乳児の脳は神経発達が未熟で十分な学習がなされていないため，乳児
は成人と同様の行動ができない。神経発達とは，①神経細胞の軸索が脂肪の鞘
で覆われる髄鞘化によって機能を発揮するようになること，②神経細胞同士が
連絡し合う場所であるシナプスが形成されていくことを意味する（前川・小枝,
2017）。神経発達は基本的な機能を司る脊髄，延髄や橋からはじまり，中脳,

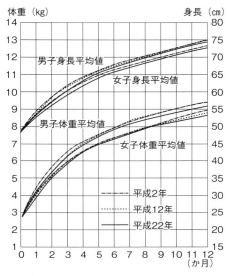

図 3-1　乳児期の身体発達 （厚生労働省, 2011）

そして高度な機能を司る大脳へと進み，その過程で成人と同様の行動ができるようになる。

■ [3] 原始反射

　前述の脳の発達過程において**原始反射**が見られる。原始反射とは，胎児期から乳児期に見られる，脊髄などを反射中枢とする反射の総称である（久佐賀・松石, 2001）。例えば，歩行反射（図3-2-(a)：足を床につけ起立した姿勢で前傾させると，歩くように足を動かす）や把握反射（図3-2-(b)，(c)：掌や母趾球を圧迫すると，全指を曲げて握りしめる），そして乳探索反射（図3-2-(d) 乳房が顔に触れると口をとがらせて，乳首を捉えようと顔が上下左右に向く）がある。

　原始反射は大脳皮質の成熟にともなって消失し，その代わりに自分の意思や意図に基づいて行われる随意運動が出現する。例えば歩行反射の場合，定型発達児では生後3か月頃に消失し，1歳頃に自発的歩行が出現する。また，原始反射は神経学的障害を発見するための有効なツールともなる。①ある月齢で見

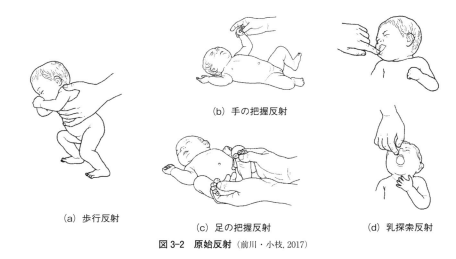

(a)　歩行反射

(b)　手の把握反射

(c)　足の把握反射

(d)　乳探索反射

図 3-2　原始反射 (前川・小枝, 2017)

られるべき反射がない, ②ある月齢で消失していくべき反射が残存する, ③常に反射に左右差が見られる, ④一度消失した反射が再び出現するなどの異常は, 神経学的障害の可能性を示す (佐藤・石川, 2002)。

2. 乳児期の認知発達

[1] 乳児研究法
　乳児を対象とした心理学研究法の確立によって, 乳児の認知世界が明らかにされてきた。以下では, 具体的な研究例を挙げながら, 代表的な乳児研究法を紹介する。

(1) 選好注視法
　選好注視法はファンツ (Fantz, R. L.) によって考案され, 乳児が特定の図形を好んで長く見ることを利用する。複数の刺激をランダムに呈示する, もしくは 2 つの刺激を対呈示するなどによって, 各刺激に対する注視時間を比較する。注視時間に差が出ることは, 乳児が刺激を弁別していることを意味する。例えば, ファンツ (1963) は, 図 3-3 の方法で乳児にさまざまな図形を呈示

し，各図形に対する注視時間を測定した。す
ると，乳児は単純な図形（白，黄色，赤）よ
り複雑な図形（同心円や縞模様や顔など）や
顔を好んで見た。ただしこの手法には，各刺
激に対する好みが同程度の場合，乳児が刺激
を弁別していても，注視時間の差に現れない
という限界がある。

図3-3　刺激呈示の様子
（Fantz, 1963を参考に作図）

（2）馴化－脱馴化法

　これは先の選好注視法の限界を解決するために考案された手法である。見慣
れた刺激より新奇な刺激を長く注視するという乳児の特性を利用する。例えば，
乳児に刺激Aを繰り返し呈示すると，刺激Aへの馴れが生じて注視時間が減
少する。その後，刺激B（もしくは刺激BとC）を呈示し，乳児の注視時間
が増加した（脱馴化）刺激が，乳児にとって新奇な刺激であったと解釈され
る。**馴化－脱馴化法**を用いて，ゲルゲイら（Gergely et al., 1995）は乳児期に
おける他者の目的の理解を調査した。12か月児に図3-4左の動画を繰り返し
呈示して馴化させたのち，壁がないのに小円がジャンプする不合理な行動の動
画（a）と，壁がないため小円が直進する合理的な行動の動画（b）を呈示し
た（図3-4）。すると動画（a）を呈示された時に乳児の注視時間が増加し，
脱馴化が生じた。乳児は小円の大円へ接近するという目的を理解し，小円が合
理的な行動をとるだろうと予側したために，その予測に反する動画（a）に驚
いて注視時間が増加したのだと考えられる。

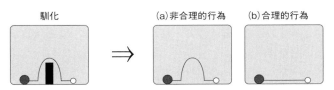

馴化　　　　　（a）非合理的行為　　（b）合理的行為

図3-4　乳児に呈示した動画（Gergely et al., 1995）

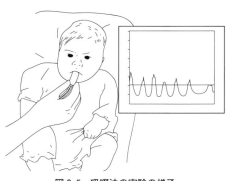

図 3-5 吸啜法の実験の様子
（Rochat & Striano, 1999を参考に作図）

(3) 高振幅吸啜法

　これは馴化−脱馴化法の１つである。**高振幅 吸 啜法**では，乳児の吸啜行動を指標とする。例えば，実験用の乳首を乳児の口に含ませて，乳首につながっている圧力センサーによって吸啜の頻度や強さなどを測定する（図３−５）。通常，吸啜の頻度は刺激に馴れるにつれて減り，刺激への興味が増すと増加する。刺激の違いによる吸啜行動の変化から，乳児の弁別能力を知ることができる。

■ [2] 感覚の発達

　乳児は自分の周囲の環境を捉えるのに必要な基本的な感覚を備えて生まれてくる。それが，多様な経験や学習により特定の方向に研ぎ澄まされていく様子を見てみよう。

(1) 聴　　覚

　聴覚は胎児期からよく発達しているため（第２章参照），母親の会話に数か月晒された結果，新生児は母語に対する明らかな選好を示す。例えば，メレールら（Mehler et al., 1988）は，生後４日の乳児に母語であるフランス語と，非母語であるロシア語の音声を聞かせている時の吸啜率を測定した。すると，非母語より母語を聞いている間の吸啜率が高く，新生児が非母語より母語を好むことが示された。

　音韻（音声の最小単位）の弁別に関しては，乳児は成人より優れている場合がある。例えば，英語を母語とする生後６〜８か月までの乳児は，英語を母語とする成人には弁別できない，ヒンディ語の/Ta/と/ta/の音を弁別できる（図３−６；Werker & Tees, 2002）。しかしこの弁別能力は，乳児が１歳になる頃には失われる。このように乳児の聴覚発達においては，後で紹介する顔の知覚

区別／非区別の割合
100
80
60
40
20
0
6〜8か月
8〜10か月
10〜12か月
非区別
区別

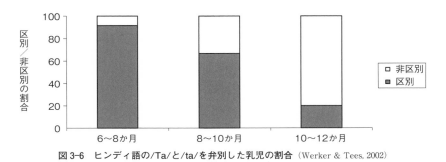

図 3-6　ヒンディ語の/Ta/と/ta/を弁別した乳児の割合（Werker & Tees, 2002）

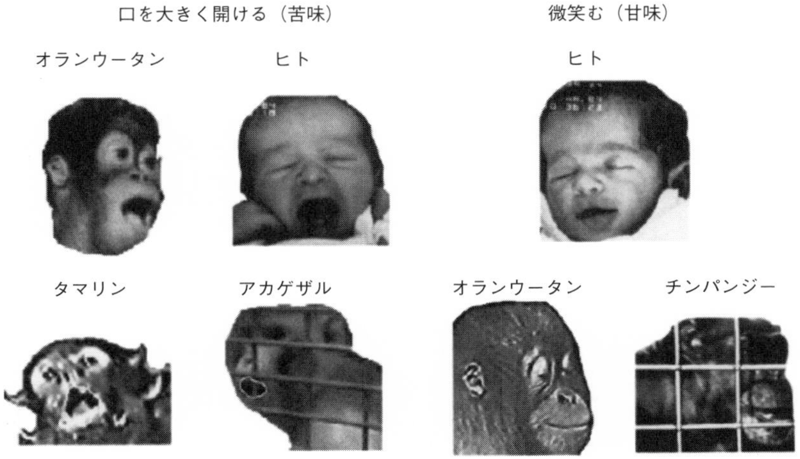

口を大きく開ける（苦味）
微笑む（甘味）
オランウータン
ヒト
ヒト
タマリン
アカゲザル
オランウータン
チンパンジー

図 3-7　甘味と苦みに対する反応（Steiner et al., 2001）

と同様に，日常生活において使わない弁別力を次第に弱めていく**知覚的狭小化**（perceptual narrowing）という現象が見られる。

(2) 味　覚

ヒトの新生児は，他の霊長類と同様に，甘味を好んで苦味を嫌う（図 3-7，Steiner et al., 2001）。このような味の好みは，甘味が糖を含み，苦みが毒を含んでいる可能性が高いために生じると考えられている。また，乳児は馴染みのない新しい食物を食べるのを嫌う。**食物の新奇性恐怖**は，離乳してかつ移動範

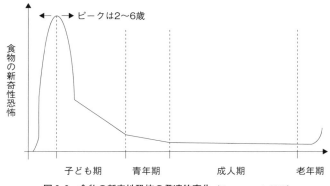

図 3-8　食物の新奇性恐怖の発達的変化（Dovey et al., 2008）

囲が広がり多様な食物を入手可能になる 2 〜 6 歳でピークに達し，その後は加
齢にともない減少する（図 3 - 8 ，Dovey et al., 2008）。このような発達早期に
おける味の好みの偏りや食物の新奇性恐怖は，雑食動物であるヒトが安全かつ
栄養価の高い食物を摂取するのを可能にする（Shutts et al., 2013）。

(3) 嗅　　覚

　乳児の嗅覚機能は十分に匂いを感じるための条件を備えている（三輪, 2006）。
例えば，新生児は母乳の匂いを選好する。新生児は匂いのついていないパッド
や授乳中の見知らぬ女性の脇の匂いのついたパッドより，授乳中の見知らぬ女
性の乳房の匂いのついたパッドの方に長い時間顔を向ける（Makin & Porter,
1989）。

(4) 触　　覚

　乳児の場合，口が触覚を得るための優れた感覚器として機能する。何でも口
に入れようとするのはそのためで，口に入れることで物の性質を理解する。ロ
シャ（Rochat, 1983）は形や手触りや弾力性が異なるおしゃぶりを乳児に吸わ
せ，口の動きを記録した。おしゃぶりが奇抜であるほど，乳児は口の中でおしゃ
ぶりを探索した。
　また，乳児は口の中で得た触覚情報を視覚情報と対応づけることもできる。

図3-9　2つのおしゃぶり（Meltzoff & Borton, 1979）

例えば，メルツォフとバートン（Meltzoff & Borton, 1979）は，表面が滑らか
なおしゃぶりと多数のイボのついたおしゃぶりを用意し（図3-9），そのうち
一方を新生児にしゃぶらせた。新生児に2つのおしゃぶりを大きく描いた絵を
見せると，多くの新生児が直前に口に含んだおしゃぶりの絵の方を好んで注視
した。

（5）視　　覚

　五感の中でも，乳児期の視覚は比較的未発達である。乳児が目にする世界は，
視力の悪い人が眼鏡を外して見た世界と似ており，新生児の視力は0.01程度で，
生後6か月には0.1程度となる（山口, 2006）。色を知覚する能力もまた大人と
比べると未発達である。色覚に関与する錐体細胞には，長波長に反応するL
錐体（赤錐体）と，中波長に反応するM錐体（緑錐体），短波長に反応するS
錐体（青錐体）の3種類がある。M錐体やL錐体は生後8週には機能してい
るため（Bieber et al., 1998），この頃から乳児は緑と赤もしくはオレンジを弁
別する。一方で，S錐体は生後3〜4か月まで十分に機能しないため（Suttle
et al., 2002），青と緑などを弁別することが困難である。

　乳児は顔を弁別することもでき，その能力の一部は成人より優れている。パ
スカリスら（Pascalis et al., 2002）は，馴化−脱馴化法を用いて，乳児がヒト
に加えて，サルの顔を弁別することを示した。彼らの実験において，図3-10
のような顔を呈示された6か月児は，ヒトとサルの顔を弁別した一方で，9か
月児はサルの顔を弁別しなかった。これは，聴覚で紹介した非母語の音韻対を
弁別する能力の発達と類似の現象である（知覚的狭小化）。すなわち，乳児に

図 3-10　乳児に呈示した顔刺激（Pascalis et al., 2002）

は，多様な社会・文化的環境に適応する準備性があるように見える。

■ [3] 物の知覚

　多様な経験や学習を通して，乳児は物の知覚の仕方も発達させる。例えば，生後数か月の間に，乳児はある物が別の物に隠されていても，物を 1 つの全体として捉えられるようになる。この遮蔽の知覚を調べるために，スレイターら（Slater et al., 1996）は，生後数日の乳児に図 3-11 左の「ブロックと棒」を繰り返し呈示し，馴化させた。その後，ブロックが取り除かれ，新生児は「折れた棒」と「完全な棒」（図 3-11）を対呈示された。その結果，多くの新生児は「折れた棒」より「完全な棒」を長く注視した。これは，新生児が遮蔽を知覚できず，馴化刺激を 1 つのブロックと 2 本の棒と解釈していたことを意味する。一方で，4 か月児は成人と同様に，「完全な棒」より「折れた棒」を長く注視した（Kellman & Spelke, 1983）。このように，少なくとも生後 4 か月には，乳児は遮蔽を知覚し，ブロックの後ろに 1 本の長い棒が存在すると解釈するようになる。

■ [4] 社会的認知の発達

　乳児は優れた感覚能力を備えているが，自らで身の安全や命を守ることがで

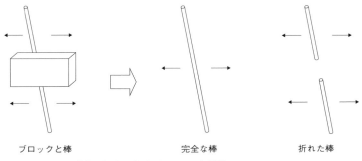

ブロックと棒　　　　　　　　　完全な棒　　　　　　　折れた棒

図 3-11　遮蔽の知覚の実験で用いられた刺激（Kellmen & Spelke, 1983）

きない。ゆえに乳児は，自分を保護してくれる他者と密接な関係を築く必要がある。以下では，そのために必要な社会的認知として共同注意と指さし，社会的参照の発達を解説する。

(1) 共同注意

　乳児は早期から泣きや表情やしぐさによって，親とコミュニケーションをとる。また乳児は，親の表情から情動を読み取る（Cohn & Tronick, 1983）。さらに，乳児と親のコミュニケーションは，注意を共有することによって，より複雑なコミュニケーションへと発展する。このような，事物や事象に関する注意を他者と共有することを**共同注意**と言う。共同注意は，言葉をもたない乳児でも使うことのできる非言語コミュニケーションの１つである。これは，乳児が他者の視線を追ったり，他者に指さされた対象を見たり，乳児自身がある対象に向けて指をさしたり，他者と対象を交互に注視するなどのさまざまな行動に表れる（図 3-12）。注意を共有することは，他者の心の状態を知る手立てとなるため，**心の理論**（第５章も参照）の萌芽を意味する。

　トマセロ（Tomasello, 1995）は，乳児の共同注意行動は，９か月頃に劇的に変化することを示した。９か月未満の乳児と大人の間の共同注意は，乳児が見ている対象を大人が見ることによって起こり，乳児は大人と同じ対象を見ていることに気づかない（図 3-13左）。つまり両者が同一の対象をただ見ているだけの状態である。一方，９か月を過ぎると，乳児は大人の注意がどこにある

(a) 他者の指さしの理解　　　　　　(b) 乳児の指さし

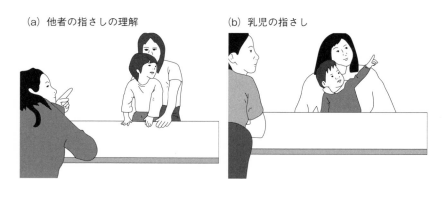

(c) 交互凝視

図 3-12　さまざまな共同注意行動（Van Hecke et al., 2007を参考に作図）

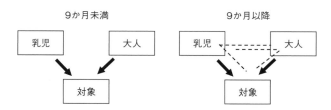

→は知覚，点線は他者の視線を探る動き（シミュレーション）を示す。

図 3-13　共同注意の発達（Tomasello, 1995）

かを意識し，同じ対象を見ることができる（図 3 -13右）。後者が真の共同注意
である。このような共同注意の変化は，乳児が他者を特定の意図をもった存在
として認識しはじめることと関連すると考えられている。

（2）指さし

　指さしとは，何らかの意味を他者に伝えるために，（大抵の場合は）人差し指を伸ばすことである。意味伝達のための指さしは生後8〜15か月の間に発達し，他者に要求する，注意を特定の場所に向かわせる，情報を知らせる，質問に答える，物の名前を尋ねるなど，多様な用途で使われる（Carpendale & Lewis, 2015）。また，乳児期の指さしは後の発達の予測指標でもある。例えば，乳児期の指さしの頻度は後の言語発達と関連する（Colonnesi et al., 2010），18か月までに他者の注意を向けさせるための指さしが見られないことは後の自閉症の診断と関連する（Baron-Cohen et al., 1996）などの報告がある。

（3）社会的参照

　乳児は親と注意を共有するだけでなく，親が注意の対象をどのように評価しているのかを判断する。例えば，玩具屋で乳児が珍しい人形を見つけたとする。乳児は後ろを振り返って母親の様子をうかがっていたが，母親から笑顔で「触ってごらん」と促されると，おずおずと人形に触れた。このように，新奇な事物や事象の意味を理解するために親などの他者の情動的な情報を検出するプロセスを**社会的参照**といい，生後10か月頃から出現する。

　社会的参照は，視覚的断崖という途中で断崖があるかのように見せかけている装置を用いて調べられる。キャンポスら（Sorce et al., 1985）は，乳児が視覚的断崖の手前で躊躇した時に，断崖の向こうから母親に笑顔で励まされると断崖を渡ったが，母親が恐怖の表情を示したときには断崖を渡らないことを示した。さらに，ヴァイシュとストリアノ（Vaish & Striano, 2004）は，社会的参照にとって，母親の励ましの声が重要な要素であることを明らかにした。12か月児が断崖で躊躇した時に，母親が笑顔で励ますように声をかける場合（顔＋声条件）と，母親が笑顔で首を縦に振る場合（顔だけ条件），母親が乳児に渡るように声だけで励ました場合（声だけ条件）を比べると，顔だけ条件より，顔＋声条件と声だけ条件において乳児は断崖を速く渡った（図3-14）。顔＋声条件と声だけ条件において，乳児が断崖を渡るのにかかった時間に違いはなかった。ヴァイシュとストリアノ（2004）は，声は母子にとってさまざまな状況（例：おんぶ）で利用可能な情報であるために，安全性を知らせるための重

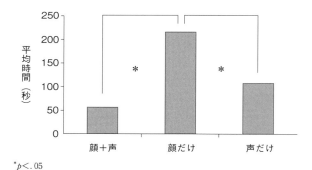

$*p<.05$

図 3-14　乳児が断崖を渡るのにかかった時間（Valish & Striano, 2004）

要な道具として用いられてきたのかもしれないと考察している。

（4）社会的認知の発達を促す親の援助

　上記の社会的認知はいずれも，親子の相互作用の中で育まれていくものである。ゆえに，親のかかわり方次第によっては，その発達に個人差が見られる。例えば，共同注意の発達には大きな個人差があり（Carpenter et al., 1998），個人差を生む原因の1つは，日常生活における親の援助の違いである。例えば，乳児の注意を維持させるような援助を母親が頻繁に行うと，乳児と母親の間で共同注意が生じやすくなる（Mendive et al., 2013）。

　社会的参照の発達もまた，親の援助によって支えられている。社会的参照は日常のさまざまな場面において見られ，その1つとして親子のごっこ遊びの中でも見られる。例えば，リラードとウィザリントン（Lillard & Witherington, 2004）は，母親が1歳半児の前でオヤツを実際に食べる時より食べる「ふり」をする時に，乳児に対して頻繁に微笑するなどの情動的な情報を盛んに呈示することを明らかにした。そして，ごっこ遊びにおいて母親が情動的な情報を多く呈示しているほど，乳児は母親がふりをして遊んでいることをよく理解できた。また中道（Nakamichi, 2015）は，日本の母親もまたごっこ遊びにおいて乳児に情動的な情報を盛んに示すことを明らかにした。さらに，1歳半の時点で母親によってごっこ遊びの中で多くの情緒的な情報を表出されていた子ども

は，2歳になった時に母親以外の大人のふりをよく理解できた（Nakamichi, 2015）。このように，乳児期の社会的認知の発達は，親による適切な援助によって促進される。

キーワード

脳の可塑性：脳を構成する神経とそのネットワークは固定したものではなく，自分をとりまく環境に応じて変化すること。

素朴物理学：子どもが保有している素朴な物理的な知識のこと。この知識は断片的なものではなく，ある意味で「理論」とも呼べるような体制化がなされている。

社会的認知：他者の行動や心の状態を観察し，予測し，解釈する能力のこと。これに，共同注意や指さし，心の理論などが含まれる。

■ 引用文献

Ashwell, K. (2012). *The brain book*. Buffalo, NY : Firefly Books. （アシュウェル，K.　松元健二（監訳）（2015）. ビジュアル版　脳と心と身体の図鑑　柊風舎）

Baron-Cohen, S., Cox, A., Baird, G., Swettenham, J., Nightingale, N., Morgan, K., ...Charman, T. (1996). Psychological makers of autism at 18 months of age in a large population. *British Journal of Psychiatry, 168*, 158–163.

Bieber, M. L., Knoblanch, K., & Werner, J. S. (1998). M- and L-cones in early infancy : II. Action spectra at 8 weeks of age. *Vision Research, 38*, 1765–1773.

Carpendale, J. I. M., & Lewis, C. (2015). The development of social understanding. In L. S. Liben & U. Müller (Eds.), *Handbook of child psychology and developmental science, Vol. 2 : Cognitive processes* (pp. 381–424). New York : Wiley-Blackwell.

Carpenter, M., Nagell, K., & Tomasello, M. (1998). Social cognition, joint attention, and communicative competence from 9 to 15 months of age. *Monographs oh the Society for Research in Child Development, 63* (Serial NO. 255).

Cohn, J. F., & Tronick, E. Z. (1983). Three-month-old infants' reaction to simulated maternal depression. *Child Development, 54*, 185–193.

Colonnesi, C., Stams, G. J. J. M., Koster, I., & Nooom, M. J. (2010). The relation between pointing and language development : A meta-analysis. *Developmental Review, 30*, 352–366.

Dovey, T. M., Staples, P. A., Gibson, E. L., & Halford, J. C. (2008). Food neophobia and 'picky / fussy' eating in children : A review. *Appetite, 50*, 181–193.

Fantz, R. L. (1963). Pattern vision in newborn infants. *Science, 140*, 296–297.

Gergely, G., Nádasdy, Z., Csibra, G., & Bíró, S. (1995). Taking the intentional stance at 12 months of age. *Cognition, 56*, 165–193.

久佐賀　晃・松石豊次郎（2001）. 原始反射はなぜおこるの？　周産期医学, *31*, 949–951.

Kellman, P. J., & Spelke, E. S. (1983). Perception of pertly occluded objects in infancy. *Cognitive Psychology, 15*, 483–524.

厚生労働省（2011）. 平成22年度乳幼児身体発達調査結果報告書

Lillard, A. S., & Witherington, D. (2004). Mothers' behavior modifications during pretense snacks and their possible signal value for toddlers. *Developmental Psychology, 40*, 95–113.

前川喜平・小枝達也（2017）. 写真でみる乳幼児健診の神経学的チェック法　改訂9版　南山堂

Makin, J. W., & Porter, R. H. (1989). Attractiveness of lactating females' breast odors to neonates. *Child Development*, *60*, 803–810.

Mehler, J., Jasczyk, P., Lamberts, G., & Halsted, N. (1988). A precursor of language acquisition in young infants. *Cognition*, *29*, 143–178.

Meltzoff, A. N., & Borton, R. W. (1979). Intermodal matching by human neonates. *Nature*, *282*, 403–404.

Mendive, S., Bornstein, M. H., & Sebastián, C. (2013). The role of maternal attention-directing strategies in 9-month-old infants attaining joint engagement. *Infant Behavior and Development*, *36*, 115–123.

三輪高喜（2006）．嗅覚の発達　子どもと発育発達，*4*, 26–31.

Nakamichi, N. (2015). Maternal behavior modifications during pretense and their long-term effects on toddlers' understanding of pretense. *Journal of Cognition and Development*, *16*, 541–558.

Pascalis, O., de Haan, M., & Nelson, C. A. (2002). Is face processing species-specific during the first year of life? *Science*, *296*, 1321–1323.

Rochat, P. (1983). Oral touch in young infants : Response to variations of nipple characteristics in the first months of life. *International Journal of Behavioral Development*, *6*, 123–133.

Rochat, P., & Striano, T. (1999). Emerging self-exploration by 2-month-old infants. *Developmental Science*, *2*, 206–218.

佐藤雅彦・石川　均（2002）．原始反射，眼球運動の異常　周産期医学，*32*, 297–300.

Shutts, K., Kinzner, K. D., & DeJesus, J. M. (2013). Understanding infants' and children's social learning about foods : Previous research and new prospects. *Developmental Psychology*, *49*, 419–425.

Slater, A., Johnson, S. P., Brown, E., & Badenoch, M. (1996). Newborn Infant's perception of partly occluded objects. *Infant Behavior and Development*, *19*, 145–148.

Sorce, J. F., Emde, R. N., Campos, J., & Klinnert, M. D. (1985). Maternal emotional signaling : Its effect on the visual cliff behavior of 1-year-olds. *Developmental Psychology*, *21*, 195–200.

Steiner, J. E., Glaser, D., Hawilo, M. E., & Berridge, K. C. (2001). Comparative expression of hedonic impact : Affective reactions to taste by human infants and other primates. *Neuroscience and Biobehavioral Reviews*, *25*, 53–74.

Suttle, C. M., Banks, M. S., & Graf, E. W. (2002). FPL and sweep VEP to tritan stimuli in young human infants. *Vision Research*, *42*, 2879–2891.

Tomasello, M. (1995). Understanding the self as social agent. In P. Rochat (Ed.), *The self in infancy : Theory and research* (pp. 449–460). Amsterdam : Elsevier Science Publishers.

Vaish, A., & Striano, T. (2004). Is visual reference necessary? Contributions of facial versus vocal cues in 12-month-olds' social referencing behavior. *Developmental Science*, *7*, 261–269.

Van Hecke, A. V., Mundy, P. C., Acra, C. F., Block, J. J., Delgado, C. E. F., Parlade, M. V., ...Pomares, Y. B. (2007). Infant joint attention, temperament, and social competence in preschool children. *Child Development*, *78*, 53–69.

Werker, J. F., & Tees, R. C. (2002). Cross-language speech perception : Evidence for perceptual reorganization during the first year of life. *Infant Behavior & Development*, *25*, 49–63.

山口真美（2006）．赤ちゃんは世界をどう見ているのか　平凡社

コラム3　発達性協調運動障害

DSM-5では運動障害群という大グループに属する障害で，英語表記は Developmental Coordination Disorder である。頭文字をとって DCD と呼ぶことも多い。国内では「不器用（な子ども）」という言葉で表現されてきた経緯もあり，ASD などほかの神経発達症と比べても，適切な診断と支援が必要な臨床群であるという認識は最近になってようやく広まりつつある。DSM-5による診断基準は以下表の通りだが，これに基づけばその中心概念は診断名にもある「運動の協調（Coordination）」というところにある。

表　DSM-5の発達性協調運動障害の診断基準（一部抜粋）

A）協調運動技能の獲得や遂行が，その人の生活年齢や技能の学習及び使用の機会に応じて期待されるものより明らかに劣っている。その困難さは，不器用さ（例：物を落とす，または物にぶつかる），運動技能（例：物をつかむ，はさみや刃物を使う，書字，自転車に乗る，スポーツに参加する）の遂行における速さと不正確さによって明らかになる。

B）診断基準 A における運動技能の欠如は，生活年齢にふさわしい日常生活活動（例：自己管理，自己保全）を著明に及び字軸的に妨げており，学業または学校での生産性，就労前および終業後の活動，余暇，および遊びに影響を与えている。

注）C，D は省略。

未熟な状態で生まれてくる私たちは，少なくとも生後半年ほどまでは体が勝手に動いてしまう原始反射の影響もあり，部分的でぎこちない動作をみなが示す。しかし，その後，首から腰までがすわり，しっかりした体幹のもと，上肢や下肢の運動機能の向上と，外界への探索意欲が高まることが相乗効果を及ぼし，動作はよりスムーズになっていく。そして，例えばハイハイのように，右手・左手・右足・左足などの各身体部位を，全体として調整しながら動かす協調運動も始まっていく。1歳半から2歳ほどまでの間に完成された基本的な姿勢と運動機能は，その後，遊びや生活を通した幼児期の生活を経て，さらに確かで高次なものへとなっていく。

一方，発達性協調運動障害のある子どもは，こうした乳幼児期の過程の中で既に，身体面のいわゆる「不器用さ」を示しやすい。例えば，ハサミや筆記具・楽器などをうまく扱えない，ケンケンやスキップができない，あるいは日常生活でボタンを閉めたり箸を持ったりすることが難しい，などである。以下の図は DCD が疑われた ASD のある小学校高学年児童のボール投げの様子をトレースしたものである（真鍋, 2019）。少しわかり難いが，3モーション目以降の左手の様子に注目したい。本児の場合，ボールを持つ右半身だけで投動作を遂行しようと右半身が極度に緊張する傾向があった。他方，左半身は極度に脱力し，左手は下を向いたままである。体の重心も終始右足に寄っていたため，左足が浮くことはなかった。全身を使って「ぽーん」と柔らかく投げることができず，ほぼ砲丸投げのような投げ方であった。こうした「不器用さ」はボール投げにとどまらない。例えば消しゴムの使用にあたっても，紙に消しゴムをあてる力の加減がわからず，しばしば紙を破い

ボール投げ開始　　　　　　　　　　　　　　　　　　　　　　　終わり

図　不器用な児童の投動作の例

ていた。消しゴムを持つ手の力の入れ具合に注意を向けると，今度は紙を支える左手に力が入らなくなることもしばしばであった。このような子どもに「もっとちょうどよくやってよ」などという，抽象的な言葉は，なんの意味もなさない。「紙が破れるくらい強い力ってどのくらいかな」「消えないくらいの弱い力って出せる？」など，最大－最小の力を出した後に中間（ちょうどいい）の力を確認したり，体の緊張具合を確認する，などの配慮が必要である。ただし大人の口出しが多いと，せっかく興味をもった運動を敬遠してしまう。過剰に介入せずとも，本人が楽しめて，かつ改善が期待できる遊具や環境設定も考える必要がある。

　なお，DCD のある子どもが示す協調運動の難しさは一様ではなく，いくつかの類型があることが指摘されている（例えば幼児期段階について，増田, 2009）。また ASD や ADHD などとの併存も認められていることから，その臨床像は多岐にわたる。いずれの場合でも，DCD のある子どもたちは，常に他人の目にさらされており，「自分だけできない」「できないのに，みんなの前でやりたくない」という苦手意識や劣等感，不安感を抱えやすい（宮原, 2014）。乳幼児期，学童期，青年期など各ライフステージで，学校生活の過ごし方から余暇支援に至るまで，さまざまな観点での配慮や支援が求められる。

引用文献

増田貴人（2009）．幼児期に現れる発達性協調運動障害の類型化について：MABC を用いた試み　障害者スポーツ科学, 7（1），69–77.

真鍋　健（2019）．高い言語能力や推理能力を持つ一方で身体動作や他者との会話に困難がある児童に対する支援　K-ABC アセスメント研究, 21, 83–93.

宮原資英（2014）．発達性協調運動障害が子どもの発達に及ぼす身体的及び心理社会的影響と支援の方向性　小児の精神と神経, 54（2），105–117.

乳児期 Ⅱ

4

◎ **本章のポイント**

　人は生まれながらにして個性的な存在であり，他者とは異なるさまざまな特徴を
もって生まれてくる。同時に，人は自分1人で育つのではなく，他者に支えられなが
ら，社会の中で育っていく。本章では，最初に人の「個としての発達」と「関係性の
中での発達」という2側面から，乳児期から幼児期初期にかけての発達の一般的な特
徴について概観する。その後，乳幼児期の発達に関するリスクとして，個人内要因と
しての先天性疾患，関係的要因としての児童虐待や反応性アタッチメント障害などに
ついて解説する。これらを通して，乳児期の社会性の発達について考えていく。

---

1. 乳児期の社会性の発達を支える個と関係性

[1] 身体的特徴

　子どもは大人とは異なる身体バランス（プロポーション）をもっている。頭
と全身の比率は，大人で1対7～8であるのに対して，乳児期の終わりである
1歳の時点ではおよそ1対4である（図4-1）。

　このような相対的に大きな頭，丸くて大きな目が顔の低い位置にあること，
短くて太い手足などの身体的特徴は**幼児図式（ベビースキーマ）**と呼ばれる。

　図4-2はローレンツ（Lorenz, K.）が示した幼児図式の一例である。多く
の人が，左側のイラストを「かわいい」と感じることだろう。これら，身体の
形態的特徴に加えて，ぎこちない全身運動によって，周囲の他者に保護の対象
であるという認識を抱かせて養護的なかかわりを引き出し，結果として子ども
自身の生存確率を高めることに成功していると考えられる。

[2] 気質的特徴

　気質とは「遺伝的な素因をもち，出生直後から見られる感情や行動の調節の

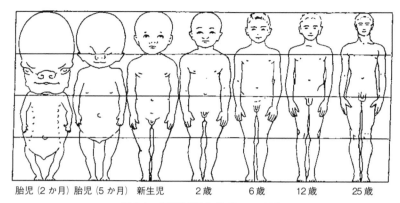

胎児（2 か月）胎児（5 か月）　新生児　　　2 歳　　　　6 歳　　　　12 歳　　　　25 歳

図 4-1　身体のバランス（Stratz, 1922）

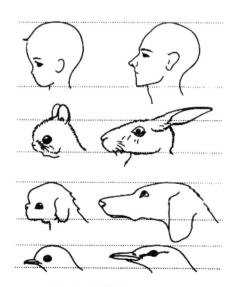

図 4-2　幼児図式（Lorenz, 1965）
　左側は養育行動を解発する,「かわいらしい」と感じられる
頭部のプロポーション（上からヒト（幼児）, アフリカトビ
ネズミ, チン, ロビン）, 右側は養育行動を解発しない, 近
縁種の頭部のプロポーション（上からヒト（大人）, ウサギ,
猟犬, コウライウグイス）。

個人差」である（Rothbert & Derryberry, 1981）。気質の測定には子どもの行動を観察するもの（現象的アプローチ），刺激に対する神経系や内分泌系の反応を測定するもの（神経生理学的アプローチ）など多様にあるが，ここでは現象的アプローチに基づくトマスら（Thomas et al., 1963）のニューヨーク縦断研究を紹介する（「**縦断研究**」については第 1 章参照）。

　トマスら（1963）は表 4 - 1 に示した 9 つの次元に着目して乳児の行動を観察し，それぞれの強弱や規則性に基づいて子どもを「扱いやすい子（easy）」，「扱いにくい子（difficult）」，「時間のかかる子（slow to warm up）」の 3 タイプに分類した。その後の研究によると，乳児期の気質が扱いにくいタイプであった子どもの70％が10歳までに精神医学的な援助が必要な，行動上の問題を示している（Thomas & Chess, 1986）。

　しかし，トマスとチェス（1986）の結果は，相対的には「扱いやすい子」の

表 4-1　**気質を捉える 9 つの次元とその特徴**（トマスら（1963）などを参考に作成）

次元	特徴	扱いやすい子	扱いにくい子	時間のかかる子
活動水準	活動している時間とじっとしている時間の割合	—	—	×または△
周期性	食事・排せつ，睡眠－覚醒などの生理的機能の周期の規則性	○	×	—
接近・回避	未知の刺激（食べ物，おもちゃ，人，場所など）に対する初反応の質	○	×	最初は×
順応性	環境の変化に対する慣れやすさの程度	○	△	△
反応性の閾値	はっきりと見分けられる反応を引き起こすのに必要な刺激の強さ	—	—	—
反応の強さ	反応の強さ（その質や内容は問わない）	×または△	○	△
機嫌	友好的な行動と不快・不機嫌な行動の割合	○	×	△
気の散りやすさ	どの程度の刺激で，今している行動をやめたり変化させたりするか	—	—	—
注意の範囲と持続性	特定の行動に携わる時間の長さ，別の活動から元の活動に戻るか	—	—	—

注 1）「—」は不定または不規則を表す。
注 2）各項目の「○」はポジティブな特徴，「×」はネガティブな特徴を強くもち，「△」はそれらが中程度であることを表す。

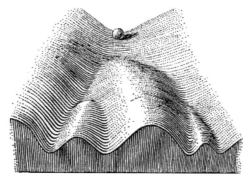

図 4-3　ワディントン（Waddington, 1957）の水路づけモデル
図中のボールは発達する個体を，起伏の形状は気質的特徴を表し，坂
を下ることを発達と考える。気質的特徴が強ければ谷は深くなり，容
易には道を外れない。逆に，気質的特徴が弱ければ谷は浅くなり，外
からの力によって容易に別の道に移ることになる。なお，このモデル
は原典では細胞の自己組織的な発達過程を説明するモデルとして提案
されている。

ほうが発達上のリスクが少ないものの，どのような気質であったとしてもその
後の発達は個人が経験する環境の影響を受けることも示唆している。ワディン
トン（Waddington, 1957）の水路づけモデル（図 4-3）によると，気質は人
がどのように発達していくかをある程度規定し，気質的特徴が強ければその気
質に沿った特徴が発現するが，気質的特徴が弱ければ環境の影響をより強く受
けることが示唆される。気質は遺伝的素因をもつが，決定論的に人の発達を規
定するものではないのである。
　こうした遺伝と環境の関連について，遠藤（2005）は受動的，誘発的，能動
的，反応的の 4 種類に分けて説明している。親と子は遺伝子の50％を共有して
いるため，親が自身の遺伝的特質に沿って構成した環境は結果として子どもに
とっても適合度の高いものになる可能性が高い（受動的結びつき）。同時に，
遺伝的特質に沿って発現した行動は環境からの反応を引き出し，環境からの働
きかけによってその遺伝的特質が強化されることになる（誘発的結びつき）。
また，人は他者から与えられた環境の中で生活するだけでなく，自身の遺伝的
特質に適合した環境を自ら選択または構築するようになる（能動的結びつき）。
あるいは，個人の遺伝的特質に沿うような形で，環境が一定のバイアスのもと

に知覚・解釈されるということもある。この場合，客観的な環境は変化しないが，個人の主観的な環境が変化することで適応が保障されることになる（反応的結びつき）。

このように，遺伝と環境の関連の仕方は多様であるが，いずれも結果として個人レベルにおいて遺伝と環境の**適合の良さ**（goodness of fit）を生み出すものであり，人は遺伝的な個人差を基盤として，環境との相互作用を通して発達していくものであると考えられる。

■ [3] 情動的特徴

(1) 気質と情動

[2]では気質について説明したが，気質は「感情や行動の調節の個人差」であり，多分に情動的側面も含んだものである。例えば，トマスら（1963）による気質の9次元（表4-1）のうち，「機嫌」は快・不快情動の経験しやすさを，「反応性の閾値」は情動生起に必要な刺激の強さを表している。また，クロニンジャーら（Cloninger et al., 1993）の気質・性格理論では，遺伝的規定性の高い「気質」（新奇性追求，損害回避，報酬依存，固執）と環境的規定性の高い「性格」（自己志向，協調，自己超越）の計7因子でパーソナリティを記述しているが，気質に含まれる4因子はいずれも情動的特徴の個人差を表すものである。

(2) 情動の発達

情動は気質を構成する重大な一要素として，出生直後から行動の個人差を生じさせるが，その一方で，子どもははじめから大人と同様の情動を有しているわけではない。

ブリッジス（Bridges, 1932）によると，出生直後の情動は漠然とした興奮であり，そこから快と不快が分化し，生後6か月頃には不快から怒り，嫌悪，恐れが分化する。この考えを発展させて，ルイス（Lewis, 2008）は認知能力が発達するにつれて情動が分化していく情動発達モデルを提唱している（図4-4）。

このモデルでは，出生時には充足，興味，苦痛の3つの情動が備わっており，

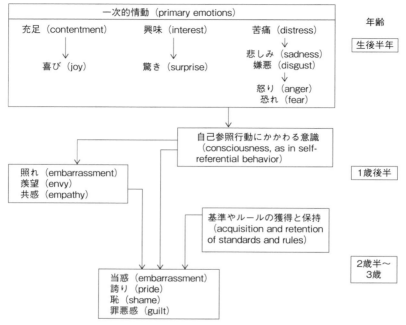

図 4-4　ルイス（Lewis, 2008）**の情動発達モデル**（久崎, 2014）

　生後 6 か月頃までに充足は喜びに，興味は驚きに，苦痛は悲しみ，嫌悪，怒り，恐れに分化していく。これらを総称して原始的情動（一次的情動）と呼ぶ。また，1 歳の後半には自己意識的情動（二次的情動）が生じてくる。自己意識的情動とは他者の目に映る自己を認識する際に喚起されるものであり，最初は自己参照行動にかかわる照れや共感が，その後，基準やルールの獲得にともなって誇り，恥，罪悪感などが生じてくる。

■[4] 関係的特徴

　子どもは社会的存在である。身体や気質などの生得的な基盤の上に，情動を手がかりに他者とかかわり，相互作用を積み重ねながら対人関係を形成していく。本項では，このようにして形成される関係性について，アタッチメントの観点から整理する。

(1) アタッチメントの発達

　子どもは主要な養育者（主として母親）を基地として環境を探索し，不安や恐れなどのネガティブな情動が喚起されると安寧を求めて養育者のもとに戻ってくるようになる。ボウルビィ（Bowlby, J.）は，このような子どもと養育者の間に形成される情緒的な絆を**アタッチメント（愛着）**と呼んだ。

　基本的にはほぼ全ての子どもと養育者の間にアタッチメントは形成されるが，その特質はペアごとに大きく異なる。アタッチメントの個人差（**アタッチメント・スタイル**）の測定を試みたエインズワースら（Ainsworth et al., 1978）は，**ストレンジ・シチュエーション法**と呼ばれる実験手続きを用いて母子分離・再会場面での子どもたちの行動特徴を記述した（図4-5）。その結果，母子分離に対して動揺を示さず，再会場面でも母親を歓迎する素振りが見られないなど情動反応に乏しい回避型（A），母子分離によって情緒的混乱が引き起こされるが，再会によってその混乱が容易に沈静化される安定型（B），母子分離によって情緒的に混乱すると，それを再会によっても沈静化することができず，接触を求めると同時に強い怒りも示すなど，情動コントロールに困難を覚える抵抗・アンビバレント型（C）の3類型に分けられることが示された。その後，行動が組織化されておらず，接近・回避の方向性が定まらない無秩序・無方向型（D）が加えられた（Main & Solomon, 1986）。各スタイルの特徴を表4-2に示した。

(2) アタッチメントと養育態度

　このような，ストレンジ・シチュエーション法において子どもが見せる行動特徴と，養育者のかかわり方の間には一定の対応関係があるといわれている。各スタイルにおける養育者のかかわり方の特徴を表4-2に示した。

　回避型に分類される子どもの養育者は子どもに対して拒否的で身体接触や情緒的交流に乏しく，安定型の養育者は子どもの要求に敏感で相互作用が調和的，抵抗・アンビバレント型の養育者は子どもの要求に敏感ではなく，自分自身の心的状態に応じて相互作用を試みるため，結果としてタイミングがずれたり一貫性のないかかわりになったりしやすい，という特徴がある。また，無秩序・無方向型の養育者は子どもという存在に怯えたり，子どもを怯えさせたりする

① 子ども用オモチャ ● ■ ▲

ストレン
ジャー用　　　　　　　母親用

実験者が母子を室内に案内，母親は子ど
もを抱いて入室。実験者は母親に子ども
を降ろす位置を指示して退室。(30 秒)

⑤

1 回目の母子再会。母親が入室。スト
レンジャーは退室。(3 分)

②

母親は椅子にすわり，子どもはオモ
チャで遊んでいる。(3 分)

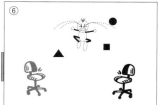

⑥

2 回目の母子分離。母親も退室。子
どもは一人残される。(3 分)

③

ストレンジャーが入室。母親とスト
レンジャーはそれぞれの椅子にすわ
る。(3 分)

⑦

ストレンジャーが入室。子どもを慰
める。(3 分)

④

1 回目の母子分離。母親は退室。スト
レンジャーは遊んでいる子どもにやや
近づき，働きかける。(3 分)

⑧

2 回目の母子再会。母親が入室しス
トレンジャーは退室。(3 分)

図 4-5　ストレンジ・シチュエーション法の手続き

(Ainsworth et al., 1978を参考に作図)

表 4-2　ストレンジ・シチュエーション法における子どもの行動の特徴と養育者のかかわり方

	子どもの行動の特徴	養育者のかかわり方
回避型（A）	親がいてもいなくてもおもちゃや環境とのかかわりが主であり，分離に際しても苦痛を示さない。再会場面でも親に接触を求めたり，苦痛や怒りを示したりしない。	子どもが苦痛を示すと却って子どもから離れていくなど，子どもに対して拒否的に振る舞うことが多く，身体接触や情緒的交流が乏しい。子どもの行動を統制する傾向もある。
安定型（B）	親がいると安心して環境探索や遊びをする。分離の際には苦痛を示すが，再会時には積極的に親に近づき，身体的な接触を求める。再会後はすぐに落ち着きを取り戻し，遊びに戻る。	子どもの欲求や変化に敏感で，応答性が高い。子どもに対する過度な要求や制限がなく，調和的な相互作用が継続しやすい。養育者自身も子どもとのかかわりを楽しんでいる様子がうかがえる。
抵抗・アンビバレント型（C）	大半の時間，親に焦点を当て，おもちゃや環境にはほとんど注意を向けない。分離前から不安・苦痛を感じているようである。分離後は再会しても落ち着きを取り戻すことができず，怒りを示しながら接触を図ろうとする。	子どもの欲求や変化に対する敏感性が低く，自己中心的に（養育者自身の気分や都合によって）子どもとかかわることが多い。結果として相互作用がうまくいくこともあるが，子どもの要求に対してタイミングがずれたり，一貫性のない応答になったりすることが多い。
無秩序・無方向型（D）	定まった行動方略が見られない。本来は両立しない行動が同時に生起したり，タイミングのずれた行動をしたりする。親を恐れるようなそぶりを見せることもある。	子どもを怯えさせるような言動（突然，気分や表情が変わったり，パニックに陥ったりする。虐待的なものも含む）や子どもを恐れて相互作用を回避するような言動をとることがある。養育者自身が精神疾患や未解決な課題（親との離・死別や被虐待経験など）を抱えているケースもある。

など，不適切な養育（frightened/frightening behavior）を取ることがある。

　以上のことから，ストレンジ・シチュエーション法において子どもが見せる行動特徴は，子どもが本来有している個人差（気質）と養育者の日常的なかかわり方（環境）の相互作用の中で，自身の育つ環境に適応した結果であるとも考えられる（Belsky & Rovine, 1987；van den Boom, 1994）。受動的，誘発的，能動的あるいは反応的に「適合の良さ」を確保するべく，自身が生活する環境世界における最適解を模索していくのである。そして，その適応が最も難しくなるのが無秩序・無方向型の母子である。

■ 2. 乳児期の発達上の問題

　前節では主として乳児期の子どもたちの健康な発達について 4 つの観点からまとめてきた。本節ではこのような健康な発達に対するリスクや健康な発達の障害とその予防的取り組みについて，疫学的なデータや最近の調査・研究に基づいてまとめていく。

■ [1] 周産期のリスク
(1) 早産，低出生体重
　最終月経開始日を妊娠第 1 日として，通常の妊娠の持続期間は平均280日（40週）である。在胎週数37〜41週で生まれた場合を**正期産**といい，出生時の身長，体重の平均値は約50cm，3,000 g である。

　在胎週数が37週に満たない出産を**早産**，出生時の体重が2,500 g 未満の子どもを低出生体重児という。早産で**低出生体重**というケースが多いが，子どもに何らかの問題があったり，臍帯の働きが十分ではなかったりすると，正期産で低体重ということもある。早産の場合，内臓をはじめ各種器官が未成熟であるために出生直後の合併症や感染症のリスクが高くなる。一方，低出生体重児は低体温になりやすかったり，哺乳や排せつに困難が生じたりすることがある。さらに，将来的には生活習慣病罹患リスクが高まるともいわれている。

　多胎妊娠（双子など），喫煙，ストレスなどは早産のリスクを高めるといわれており（第 2 章参照），早産は全妊娠の約 5 ％に発生する。一方，低出生体重児は現在，全出生数の約10％であり，30年前の 2 倍に達している。低出生体重児が増加した要因としては，不妊治療による多胎妊娠の増加，新生児医療の進歩による極低出生体重児（出生時体重1,500 g 未満）・超低出生体重児（出生時体重1,000 g 未満）の生存確率の上昇などが考えられている。

(2) 先天性疾患
　先天性疾患は染色体の異常によるもの（ダウン症候群など），遺伝的要因によるもの（両親の遺伝情報を受け継いで発症するものと，本人の遺伝子の変異

によるもの），環境や催奇形因子（サリドマイドをはじめとした薬剤など；第2章参照）の影響を受けるもの，さまざまな因子の複合的な影響を受けるもの（多因子遺伝）に大別されるが，大部分は多因子遺伝によるものである。

　環境・催奇形因子については，古くからタバコやアルコール，放射線被ばくの影響が指摘されてきたが，近年，妊婦の風疹罹患による先天性風疹症候群が注目されるようになってきた。それは，妊娠・出産に臨むことが多い1990年以前生まれ（2020年現在で30歳以上）の人は予防接種を一度しか受けていないことがあり，風疹ウイルスの抗体が十分ではない可能性があるのに加えて，世界的に風疹の流行が発生しており，妊婦の風疹罹患リスクが高まっているためである。日本でも2012年（1990年以前に生まれた人が22歳以上になった年）以降，先天性風疹症候群の報告が増加し，現在では各自治体で風疹ウイルスの抗体検査を実施するなど，予防に向けた取り組みが行われている。

　このほか，**周産期**のリスクとして出生時の外傷なども挙げられる。代表的なものに，子どもに酸素が十分に供給されなかったり何らかの理由によって自発呼吸ができなかったりすることによって生じる**新生児仮死**がある。新生児仮死は，**アプガースコア**によって評価される。

■［2］児童虐待

　厚生労働省が公表した2018（平成30）年度の児童相談所による児童虐待相談対応件数（速報値）は約16万件，全国の警察が2019年に児童虐待として摘発した事件における18歳未満の被害児童は約2,000人である。**虐待**に対する一般市民の知識・理解の高まりもあると考えられるが，児童相談所の虐待対応件数（厚生労働省, 2019），虐待被害児童数（警察庁, 2020）ともに過去最多である。虐待種別の内訳は，心理的虐待55％，身体的虐待25％，ネグレクト20％，性的虐待1％であった（概数のため，合計は100％にならない）。

　2018年から2019年にかけて乳幼児の虐待死事件が相次いで報道され，近年は虐待に対する社会的関心が特に高まっている。児童虐待防止に向けて，2020年4月には体罰の禁止などを規定した改正児童虐待防止法が施行された。

　虐待が広く社会に認知されるようになったことは，母親の虐待不安を高める要因にもなっている。虐待不安には「虐待してしまうかもしれないという不安」

と「自分の行為が虐待であると思われてしまうかもしれないという不安」の2側面があり，「物理的・精神的余裕のなさ」や「周りの目」などが虐待不安の背景要因として指摘されている（渡邉, 2016）。虐待不安の軽減には，物心両面のサポートと周囲の温かい目が必要である。

なお，児童虐待事件として摘発されたのは4分の3が男性，半数が実父であるが（警察庁, 2020），虐待死亡事例に限ると，虐待の主たる加害者は母親（55％），被害者の年齢は0歳児が50％であり，このうちの半数は0か月児であった（厚生労働省, 2019）。予期しない，あるいは計画していない妊娠や妊婦健診を受診していないケースが25％に上ることを鑑みると，妊娠中から出産後にかけて母親の孤立を防ぎ，**育児不安**や**育児ストレス**の軽減を図る継続的なサポートが，より一層求められる（第11章も参照）。

■ [3] アタッチメントをめぐる病理
（1）反応性アタッチメント障害

先に「基本的にはほぼ全ての子どもと養育者の間にアタッチメントは形成される」と記したが，アタッチメントがうまく形成されないケースもある。このようなケースの中には，**反応性アタッチメント障害**（Reactive Attachment Disorder）と診断されるものもある。

反応性アタッチメント障害はアメリカ精神医学会の『精神疾患の診断・統計マニュアル第5版』（DSM-5）において心的外傷およびストレス因関連障害群の1つに位置づけられているものである。反応性アタッチメント障害の特徴は養育者との情緒的交流やアタッチメント行動の欠如であり，養育者に対する情動的反応が乏しい，「情動的引きこもり」の状態にある（髙橋・大野, 2014）。

ストレンジ・シチュエーションにおいて回避型に分類される子どもたちも養育者との情緒的交流が乏しいという特徴があるが，その行動は組織化されており，誰がアタッチメントの対象であるかも明確である。したがって，回避型の子どもが見せる行動パターンは，特定のアタッチメント対象との関係の中で獲得された，最適ではないが適応的な方略であると考えられる。一方，反応性アタッチメント障害と診断される子どもたちはストレンジ・シチュエーションにおいて無秩序・無方向型に分類されることが比較的多く，行動や情動の組織化

に課題を抱えていることがうかがえる。ただし，反応性アタッチメント障害と無秩序・無方向型のアタッチメント・スタイルの関連については不明確な点も多い（Zeanah & Gleason, 2015）。

(2) 児童虐待とアタッチメント

　児童虐待は子どもの心身の発達の全般にわたって多大な影響を及ぼすが，アタッチメントへの影響も甚大である。虐待的な環境で育った子どもの約8割が無秩序・無方向型のアタッチメント・スタイルに分類されるという報告もある（Carlson et al., 1989）。

　ここでいう虐待的環境とは，養育者の要因（自らの被虐待経験，精神疾患など），子どもの要因（障害，難しい気質など），環境の要因（貧困，社会的孤立など）が複雑に絡まり合いながら，結果として子どもにとって適切ではない環境となっているものを指す。また，養育者の喪失（死別，離別）は虐待的環境には含まれないが，健康なアタッチメントの発達を阻害する要因になる。

　実際，虐待的環境で育つことや養育者の喪失経験は反応性アタッチメント障害診断基準の1つに位置づけられている（髙橋・大野, 2014）。

　子どもは苦痛を経験した時にそれが養育者によって和らげられる経験を積み重ねる中で自己と他者に対する信頼感を形成していくが，養育者が苦痛の軽減に効果的ではない，あるいは養育者自身が苦痛の源であるような場合には，自身の安寧のために養育者を頼るということができなくなる。こうして，自己や他者に対する信頼感が欠如した状態で育った子どもは，将来的に外在的，内在的な行動上の問題を抱えるリスクが高くなる（外在的・内在的問題行動については第6章参照）。

　ただし，気質と同様，発達初期の関係性も決して決定論的に将来の発達を規定するものではない。近年では子どもの健康な発達を保障するための，母子，あるいは母子の関係性に対する治療的介入プログラムも開発・実施されている（数井, 2012）。

■ [5] 子どもの健康な育ちを支える

　ここまで乳幼児期の発達のリスクについて概説してきたが，そのようなリス

クを軽減するための予防的取り組みも多様に行われている。ここでは，法的に位置づけられている活動を中心に，乳幼児とその母親に対する支援を簡単に紹介する。

　1歳半健診（正式名称は1歳6か月児健康診査）は3歳児健診（第6章参照）と並んで，市町村に実施が義務づけられている定期健診である（母子保健法）。1歳半健診では身体や運動，言語などさまざまな側面から子どもの心身の発達の程度をアセスメントするのに加えて，生活習慣や育児，栄養，虫歯予防についての指導・相談も行われる。このほか，妊婦健診（母子保健法），乳児家庭全戸訪問事業（こんにちは赤ちゃん事業；児童福祉法），出生した医療機関における1か月児健診，新生児訪問指導（母子保健法），多くの市町村で行われる3〜4か月児，7〜10か月児，1歳児健診（以上は市町村が必要に応じて実施する健診；母子保健法）などを通して，発達の節目で子どもの心身の状況を確認するとともに，子どもの心身の健康な育ちを支える保護者に対する支援が行われている。

　予期しない妊娠や妊婦検診の未受診が周産期のリスクや虐待リスクを高め，子どものその後の発達やアタッチメントにも影響を及ぼすことが考えられるため，妊娠中からの継続的なサポートと，サポートの場につながりにくい妊婦や家族に対する**アウトリーチ**も重要になってくる。

キーワード

　養育態度：本文ではアタッチメントの文脈で養育態度に触れたが，養育態度そのものについての理論的枠組みに，バウムリンド（Baumrind, D.）やサイモンズ（Symonds, P. M.）の理論がある。バウムリンドは応答性と統制の2次元，サイモンズは保護−拒否と支配−服従の2次元で養育態度を分類している。

　ダウン症候群：ダウン症候群（Down syndrome）は，21番染色体が3本になることで発症する先天性疾患である。全体的な発達に遅れが見られ，知的障害を合併することが多い。

　周産期：出産前後の期間を指す。狭義には，世界保健機関（WHO）の国際疾病分類（ICD-11）において妊娠22週から出生後7日未満と定められている。広義には妊娠から生後4週間の期間を指す。

　アプガースコア（**Apgar score**）：出生直後の子どもの状態を評価する指標。心拍数，呼吸，筋緊張，刺激に対する反応，皮膚色の5項目，各2点満点で評価する。10〜8点は正常，7〜4点は軽症仮死，3〜0点は重症仮死と判定される。

　アウトリーチ：援助者が，援助が必要であるにもかかわらず相談機関につながれない人に対して，当事者がアクセスしやすい場所や機関などに出向いて支援を行うこと。また，援助が必要であることに気づかせたり，関係づくりをしたりして，支援につながるように積極的に働きかけること。

■ 引用文献

Ainsworth, M. D. S., Blehar, M., Waters, E., & Wall, S. (1978). *Patterns of attachment : A psychological study of the strange situation.* Hillsdale, NJ : Erlbaum.

Belsky, J., & Rovine, M. J. (1987). Temperament and attachment security in the strange situation : An empirical rapprochment. *Child Development, 58,* 787–795.

Bridges, K. M. B. (1932). Emotional development in early infancy. *Child Development, 3,* 324–341.

Carlson, V., Cicchetti, D., Barnett, D., & Braunwald, K. (1989). Disorganized/disoriented attachment relationships in maltreated infants. *Developmental Psychology, 25,* 525–531.

Cloninger, C. R., Svrakic, D. M., & Przybeck, T. R. (1993). A psychological model of temperament and character. *Archives of General Psychiatry, 50,* 975–990.

遠藤利彦（2005）．発達心理学の新しいかたちを探る　遠藤利彦（編著）　心理学の新しいかたち6　発達心理学の新しいかたち（pp. 3-52）　誠信書房

久崎孝浩（2014）．情動発達のモデル　遠藤利彦・石井佑可子・佐久間路子（編著）　やわらかアカデミズム・〈わかる〉シリーズ　よくわかる情動発達（pp. 40-41）　ミネルヴァ書房

数井みゆき（編著）（2012）．アタッチメントの実践と応用—医療・福祉・教育・司法現場からの報告—　誠信書房

警察庁（2020）．令和元年における少年非行，児童虐待及び子供の性被害の状況（訂正版）　警察庁生活安全局少年課

厚生労働省（2019）．子ども虐待による死亡事例等の検証結果等について—社会保障審議会児童部会児童虐待等要保護事例の検証に関する専門委員会（第15次報告）—　厚生労働省子ども家庭局

Lewis, M. (2000). The emergence of human emotions. In M. Lewis & J. M. Haviland-Jones (Eds.), *Handbook of emotions* (2nd ed., pp. 265–280). New York : Guilford Press.

Lorenz, K. (1965). *Über tierisches und menschliches Verhalten : Aus dem werdegang der verhaltenslehre.* München : R. Piper & Co. Verlag.（ローレンツ, K. 日高敏隆・丘　直通（訳）（1980）．動物行動学Ⅱ上　思索社）

Main, M., & Solomon, J. (1986). Discovery of an insecure-disorganized/disoriented attachment pattern. In T. B. Brazelton & M. Yogman (Eds.), *Affective development in infancy* (pp. 95–124). Norwood, NJ : Ablex.

Rothbert, M. K., & Derryberry, D. (1981). Development of individual differences in temperament. In M. E. Lamb & A. L. Brown (Eds.), *Advances in developmental psychology.* Vol. 1 (pp. 37–86). Hillsdale, NJ : Erlbaum.

Stratz, C. H. (1922). *Der Körper des Kindes und seine Pflege.* Stuttgart : Enke.

髙橋三郎・大野　裕（監訳）（2014）．DSM-5　精神疾患の診断・統計マニュアル　医学書院

Thomas, A., & Chess, S. (1986). The New York Longitudinal Study : From infancy to early adult life. In R. Plomin & J. Dunn (Eds.), *The study of temperament : Changes, continuities, and challenges* (pp. 39–52). Hillsdale, NJ : Erlbaum.

Thomas, A., Chess, S., Birch, H., Hertzig, M., & Korn, S. (1963). *Behavioral individuality in early childhood.* New York : New York University Press.

van den Boom, D. C. (1994). The influence of temperament and mothering on attachment and exploration : An experimental manipulation of sensitive responsiveness among lower-class mothers with irritable infants. *Child Development, 65,* 1457–1477.

Waddington, C. H. (1957). *The strategy of the genes : A discussion of some aspects of theoretical biology.* London : Allen & Unwin.

渡邉茉奈美(2016). 育児中の母親が語る虐待不安の背景要因の検討 東京大学大学院教育学研究科紀要, *56,* 389–397.

Zeanah, C. H., & Gleason, M. M. (2015). Annual research review : Attachment disorders in early childhood-clinical presentation, causes, correlates, and treatment. *Journal of Child Psychology and Psychiatry, 56,* 207–222.

コラム4　ことばの障害

　ことばの障害といえば，通常「話すこと」の問題を想像しやすい。ただ，DSM-5においては，コミュニケーション障害（Communication Disorders）という括りのもと，下記のように5つの下位分類が設定されている。この通り，ことばには，「話すこと＝表出」だけでなく，「理解」や「使用」といった異なる側面もあり，また「表出」の問題といっても，多様な実態があることがわかる。

表　コミュニケーション障害（Communication Disorders）

・**言語障害**：生活年齢に対して語彙や構文の取得と使用に難しさがあり，社会参加上の制約・制限を有している
・**語音障害**：音韻意識の問題を含めて，正しい発音が難しい
・**吃音（小児期発症の流暢性障害）**：音声を表出する際に，音の繰り返し，引き延ばし，音間の間隔があいてしまうなどが生じる
・**社会的コミュニケーション障害**：言葉自体は持っているものの，実生活において，他者との社会的状況における「使用」に制約や困難を抱えている
・**特定不能のコミュニケーション障害**：上記に当てはまらないコミュニケーション障害

　ところで，2013年のDSM-5への改訂にあたっては，4つ目の「社会的コミュニケーション障害」が新たに盛り込まれることになった。ことばに関する学問である言語学には，「ことばをどのような視点で切り取るか」で，形態論・音韻論・統語論・意味論・語用論など，いくつかの立場が存在する。新設されたこの4つ目の障害は，「リアルな生活でどのようにことばを使うか」という切り口を前提とした，いわゆる語用論とつながりの深いものである。この障害の存在は，音の出し方や話し方を訓練的に教えるだけではなく，誰に対して何のためにことばをどのように用いるのか，そしてそのことをどのように教えていくのか，という指導や支援のあり方を問い直すきっかけにもなりえるだろう（ことばの専門家はそんなことには，とっくに気がついているのだが）。もっとも「社会的コミュニケーション障害」，この障害名そのものは，ASDの前概念である広汎性発達障害（PDD；Pervasive Developmental Disorder）の中核症状／診断基準の1つである。ASD（PDD）の診断基準は満たさないものの，言語・コミュニケーション上で語用論的問題を抱えている子どもがこの診断を受ける可能性がある。各種症状の連続体（スペクトラム）の概念（コラム2を参照）を前提にしたとき，目の前の子どもがASDの延長線上にいる子どもなのか，それともDSM-5に照らし合わせてコミュニケーション障害として位置づけるのか，専門家の間でも多くの意見があり（Swineford et al., 2014），今後の動向を見守る必要がある。

引用文献

Swineford, L. B., Thurm, A., Baird, G., Wetherby, A. M., & Swedo, S. (2014). Social (pragmatic) communication disorder : A research review of this new DSM–5 diagnostic category. *Journal of Neurodevelopmental Disorders*, 6, 41.

幼児期 I

5

◎ 本章のポイント

　本章では，幼児期の脳・身体の発達や言語の発達，そして認知発達について学ぶ。認知とは，知覚・記憶・思考・推論・学習といった，私たちヒトが外部の世界を知るための心の働き全般を指す。つまり，認知発達とは，子どもが自分をとりまく世界をどのように学び，知っていくのか，子どもから大人になるにつれて，世界を知るための方法や内容が変化する過程を意味する。大人が考えている以上に，幼児が認知的な有能さを有すること，そして，幼児期の認知発達が後の人生にもかかわる礎となっていることを説明していく。

1. 幼児期の身体的な発達

[1] 身体・運動機能の発達

　ヒトは身長50cm，体重 3 kg ほどで誕生し， 1 歳頃までに身長は約1.5倍（約75cm），体重は約 3 倍（約 9 kg）になる（第 3 章参照）。その後，身体の成長は緩やかになるものの，幼児期を通して着実に成長していく。例えば，身長は 3 歳で約95cm， 4 歳で約101cm， 5 歳で約108cm， 6 歳で約114cm に，体重は 3 歳で約14kg， 4 歳で約16kg， 5 歳で約18kg， 6 歳で約20kg になる（厚生労働省, 2011）。

　また，この身体の成長とともに，幼児期には後の運動能力の基礎となる基本的な**運動機能**が向上する。宮丸（1998）は，幼少期の運動能力の発達に関する 5 つの段階区分（表5−1）を提案しており， 3 ～ 6 歳は「基本的運動の段階」とされる。例えば， 2 ～ 3 歳児の疾走動作は足の引き上げや腕の振りも小さいが，年齢の向上とともにダイナミックなフォームになっていく。

　さらに，この幼児期の運動能力の発達には，幼稚園・保育所や家庭の環境がかかわっている。例えば，幼稚園・保育所に関して，園庭が狭い園（817m²以

表 5-1　**運動能力の発達** (宮丸, 1998をもとに作成)

発達段階	獲得される運動能力
反射的行動の段階【胎児〜1歳】	胎児，新生児の頃から見られる反射的行動の段階で，原始反射と姿勢反射と僅かな自発的運動に限られる。
初歩的運動の段階【誕生〜2歳】	反射の抑制につれて，最も初歩的な運動（把握，直立，独立歩行，等）を獲得する段階。
基本的運動の段階【3〜6歳】	多様な基本的運動形態（走る，飛ぶ等の移動系，押す，回る等の非移動系，投げる，蹴る等の操作系）が急速に発達する段階で，生涯にわたって必要な運動能力の基礎作りの段階。
スポーツ運動に関連する段階　移行的運動技能の段階【6〜8歳】	スポーツ技能習得の前提となる各種の運動遊びやゲームの能力を身につける段階。
初歩的スポーツ技能の段階【9〜13歳】	初歩的・基本的なスポーツ技能を幅広く習得する能力を獲得する段階。

下）や広い園（1604m²以上）よりも中程度の広さの園（830-1591m²）に，また，遊具施設の種類数が中程度の園（17-21個）や多い園（22個以上）よりも少ない園（16個以下）に在籍する幼児の運動能力が高い（森ら, 2004）。また家庭環境では，「家庭にある遊具数の多さ」「一戸建て住宅であること」「きょうだい数の多さ」等が，幼児の運動能力の高さに影響する（吉田ら, 2004）。このように，幼稚園・保育所や家庭の環境要因の影響を受けながら，幼児期の運動能力は発達していく。

■ [2] 脳の発達

　出生時のヒトの脳は350〜400gの大きさであり，それが1歳頃までには約2倍以上の900g程度になる。その後も幼児期を通して成長を続け，5〜6歳頃には成人の約90%にあたる1,200g程度にまで達する。

　乳幼児期には，脳の量的な増大だけでなく，シナプス形成にも大きな変化が見られる。例えば，高次の認知機能にかかわる前頭前皮質のシナプス量は，生後1〜2か月頃では1mm³あたり約11億個であり，これは16〜70歳の成人と同程度である。このシナプスは1歳頃までに急激に増加し（1mm³あたり約16億個），その後の幼児期・児童期を通して徐々に減少して，乳児や成人と同程度に戻っていく（図5-1）。このような，シナプスが過剰に形成された後に減少

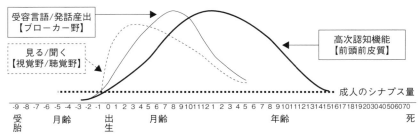

図 5-1　ヒトのシナプス形成の発達的な変化
(National Research Council and Institute of Medicine, 2000, p. 188をもとに作成)

する過程は，時期は異なるがほかの脳領域（視覚野／聴覚野，ブローカ野）でも見られ，**シナプス結合の刈り込み**現象と呼ばれている。この刈り込みは，過剰にシナプスを形成した上で，子どもが生存する環境にとって必要なシナプスだけを残していくために起こると考えられる。

　さらに，これらの脳の発達的変化は，言語能力や認知能力の発達とも関連する。例えば，4〜12か月の視覚野のシナプス最大期と前頭連合野のシナプス増加期は社会的参照，指さし，物と人の違いの理解等が，2歳頃の前頭皮質シナプスの最大期はカテゴリに基づく推論が，シナプス密度が成人レベルになる11〜16歳頃は形式的操作が可能になる時期と対応している（落合, 2007）。

2. 幼児期の言語的な発達

■[1] 話し言葉の発達

　出生から幼児期を通しての発声や**言葉の発達**の概要を表5-2に示す。まず，乳児は出生後しばらくして「喃語」を発声し始める。その後，「基準喃語」や「ジャーゴン」を発声する期間を経て，1歳頃には初語を発するようになる。この時期には，特定の状況で特定の言葉を使うが，1つの言葉に複数の意味がこめられていること（例：「お腹がすいた」「水を飲みたい」のいずれも「マンマ」で表現）が多いため，この時期の一単語の発話は「一語文」と呼ばれる。

　この初語の表出からしばらくの間，獲得される語彙は幼児語（「ワンワン」等の幼児期独特の言葉），名詞（例：食べ物，衣類，身体部位），会話語・あい

表5-2　話し言葉の発達 (岩立・小椋, 2002をもとに作成)

月齢・年齢	内容
出生〜1か月	「泣き」等による発声 (叫喚音)。「クー, クー」といったクーイング (cooing) や, ゴロゴロと喉から出ているようなガーグリング (gurgling) の発声。
1か月以降	「アー, アー」等の母音と子音の区別がはっきりとしない喃語 (babbling) の発声。
4か月前後	喃語の子音や母音が分化し始める。
6か月頃	「バ, バ, バ」等の母音・子音の構成がはっきりと聞き取れるような基準喃語 (canonical babbling) の発声。
8か月〜1歳頃	音の組み合わせは不十分だが, イントネーション等が母語と類似している発話 (ジャーゴン) の発声。
1歳頃〜1歳半	特定の状況と結びついた音声の使用。初語の出現。一語文の使用。
1歳半前後	「ボール トッテ」等のように, 2つの単語を合わせた二語文の出現。「語彙の爆発的増加 (word explosion)」が始まる。
2〜3歳頃	多語文の出現。助詞 (「の」「は」「が」「も」等) の使用。丁寧語表現の出現。
3〜4歳頃	ある程度, 一貫性のある話をできるようになる。パターン化されたやり取りの中でなら会話の交替が可能になる。
4〜5歳頃	相手の発話を踏まえて発話を繋げる等の, 会話の交替がスムーズになる。会話の始め方等のスキルを徐々に身につける。

さつ等の割合が高い。また, 語彙の獲得のスピードは, 50語程度までは比較的ゆっくりだが, 50語を超える頃から急激に速まる。この現象を「語彙の爆発的増加」と呼び, 大体1歳半から2歳頃に生じる。

　この語彙の爆発的増加にともない, 二語文(例：ママ, ダッコ)が出現する。そして, 2歳を過ぎる頃には三語文も話し, その後, 徐々に長い文章が話せるようになる。それとともに, 会話に関する能力も上達し始める。例えば, 会話を始める際, 2〜3歳児は自分の伝えたい事柄を突然話し始めたりするが, 5〜6歳児は相手に呼びかけたり, 「○○知ってる？」のように話題のきっかけを作ってから会話を始めることができる。また, 相手が話している間は黙り, 相手が話し終わったら自分が話し始めるといった「話し手の交替」も可能になる。

■ [2] 語彙獲得を可能にする要因
　前述のような語彙獲得を可能にする要因の1つは, 他者の話した言葉の模倣

や，幼児の発声や行動に対する親の強化（例：幼児がコップを持ったときに，母親が「コップだね」と反応する）といった直接的な経験が考えられる。しかし，子どもたちの周囲の環境には膨大な言語的情報が存在し，子どもたちはそれら全てをただ受容して言葉を獲得しているわけではない。子どもたちは，膨大な言語的情報の一部分に注目する認知的な制約をもつことによって，能動的に語彙を獲得しているのである。

　例えば，「事物全体制約」や「相互排他性制約」といった制約がある（小林，2008；Tomasello, 2003/2008）。事物全体制約とは，未知の単語を聞いた時，「ある単語は事物の部分や属性ではなく，事物の全体を指す」と考えることである（例：モノ A を「コップ」と命名されたら，色や形でなく，モノ A 全体を「コップ」と考える）。相互排他性制約とは「１つの事物は１つの名前しかもたない」と考えることである（例：モノ A が「コップ」と命名された後，そのモノ A に「グラス」という別名があるとは考えない）。このような認知的な制約が，ある単語が意味する可能性を減少させ，語彙獲得を促進していると考えられている。

　また，語彙獲得にかかわる別の要因として，共同注意（第３章参照）や他者の意図の読み取り等の社会的認知能力がある（小林，2008；Tomasello, 2003/2008）。例えば，母親が「メケを探そう」と言って，箱の中からモノ A を取り出し，子どもに笑顔を向けたとする。この場合，母親はモノ A に対して「メケ」と明確に命名していない。しかし，子どもはその一連の行動から母親の意図を読み取り，モノ A が「メケ」であると推測する。このように，幼児は複数の制約や能力を用いながら，言葉を能動的に学んでいるのである。

■ [3] 読み書き能力の発達

　幼児期の後半には，基本的な読み書き能力（リテラシー）を獲得し始める。例えば，国立国語研究所（1972）によると，ひらがな71文字（清音46文字，濁音・半濁音25文字）中の平均読字数は４歳児で33.5字，５歳児で53.0字であり，平均書字数は４歳児で10.8字，５歳児で26.0字であった。小学校就学前までに，ほとんどの子どもがひらがなを読み，自分の名前をひらがなで書くことができ，また半数の子どもがお話や手紙を書くといった活動を行っていた。

　また，この読み書きの能力の発達には，時代による違いもある。前述の国立国語研究所の調査のおよそ20年後(1988年)に，同様の方法で調査したところ，平均読字数は3歳児で18.6字，4歳児で49.7字，5歳児で65.9字であり，平均書字数は3歳児で4.5字，4歳児で20.9字，5歳児で44.6字であった（島村・三神, 1994）。この調査での4歳児の読字・書字数は，20年前の5歳児と同程度であり，読み書き能力の獲得が1年ほど早まっていた。幼児期の読み書き能力の発達は，環境や時代の変化に影響されるといえよう。

3. 幼児期の認知的な発達

■ [1] ピアジェ理論における幼児期の認知発達の特徴

　認知発達について体系的に説明した研究者の中で，最も代表的な存在がピアジェ（Piaget, J.）である。彼は，「子どもは主体的・能動的に認知を作りあげていく存在である」と考え（構成主義），乳幼児期から成人期までにわたる認知発達段階を提唱した（第1章参照）。

　この認知発達段階の中で，幼児期を含めた2～7・8歳頃の子どもたちは前操作的思考段階にあたる（Piaget, 1970/2007）。この前操作的思考段階を通して，子どもたちは心的イメージや言語といった表象を用いて，頭の中だけで物事を思い浮かべたり，それぞれの物事を関連づけて考えることができるようになる。しかし，この時期の子どもたちの認知は，まだ全体的には「自己中心性（中心化傾向）」によって特徴づけられている。

　自己中心性とは，「自分の行為と他者／物の行為／活動，あるいは自分の視点と他者の視点が十分に分離できず，自分という1つの視点から物事を捉えてしまう傾向」である。例えば，ピアジェは「3つの山問題」（Piaget & Inhelder, 1948/1956）を使って，子どもの自己中心性を示した。3つの山問題では，子どもに図5-2（左側は模型上部，右側は模型のA側からの見え方）のような模型を提示し，模型を一周りして各側面からの見え方を確認させた後，その子どもをある側面（例：A側）に座らせる。そして，子どもとは異なる側面（例：C側）に人形を置き，「その人形には山がどう見えるか」を，さまざまな側面から模型を模写した絵の中から選択させた。すると，前操作的思考段階の子ど

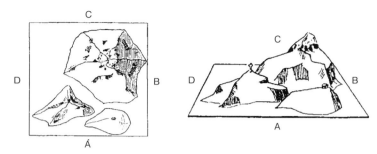

図 5-2　3つの山問題の模型図 （Piaget & Inhelder, 1948/1956, p. 211 より引用）

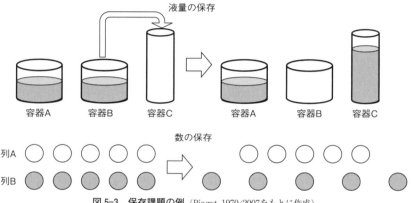

図 5-3　保存課題の例 （Piaget, 1970/2007をもとに作成）

もの多くは自分の位置からの見え方と一致する絵を選び，7歳頃まで正しい見
え方の絵を選ぶことができなかった。このように，前操作的思考段階の子ども
は自他の視点をうまく切り離せず，他者のことも自分の視点から考えるという
特徴をもつ。この一方，具体的操作段階になると，子どもは自己中心性から離れ，
複数の側面を考慮して思考できるようになる（これを，「脱中心化」と呼ぶ）。
　また，この自己中心性が影響する事柄の1つとして，保存概念がある。**保存
概念**とは，「対象の形や状態を変形させても，対象の数量といった性質は変化
しない」という概念である。例えば（図5-3上段），子どもに2つの同じ大き
さの容器（容器A・容器B）に入った同量の液体を見せた後，子どもの目の前
で容器Bの液体を長細い形の別の容器Cに移し替える。そして，子どもに「容

器Aと容器Cのどちらの液体が多いか，それとも同じか？」と質問すると，前操作的思考段階の子どもは「高さ」という特徴に引きずられ「Cの液体が多い」と答える。その一方，具体的操作段階の子どもは「液体を元の容器に戻せば，同じ」等のように，論理的に回答できる。同様の現象は，数の保存（図5-3下段：2列に並べた同数のおはじきを見せた後，一方の列のおはじきの間隔を広げ，どちらの列のおはじきが多いかを尋ねる）等でも見られる。このように，長さ・高さ・太さという目立つ次元だけに注目することも，自分の1つの視点からしか物事を見ることができないという自己中心性の特徴を反映している。

■［2］幼児期の認知発達における「生態学的に妥当な文脈」の重要性

　ピアジェ理論は，認知発達を体系的に説明した点で有益なものである。しかし，ピアジェ理論で描かれた幼児は「他者の視点を理解できない」「保存概念をもたない」等，あまり有能でないように見える。

　しかし，その後の多くの研究が，「ピアジェが想定した以上に，乳幼児が認知的に有能な存在であること」を明らかにしてきた。例えば，「ただ単語リスト（例：キャンディー，アイス）を覚える」のではなく，「買い物のための単語リストを覚える」といった文脈でなら，幼児は多くの単語を覚えることができる（Karpov, 2005）。つまり，子どもにとって日常的で馴染みのある文脈，言い換えれば生態学的に妥当な文脈でなら，子どもたちは認知的な有能さを発揮できるのである。

　このような生態学的に妥当な文脈の効果は，ピアジェが用いた課題でも検討されている。例えば，ドナルドソン（Donaldson, 1978）は，ピアジェの課題に対する幼児の困難さは能力がないためではなく，課題の文脈や質問の仕方によると考え，前述の保存課題や3つの山問題の文脈等を変形させた一連の研究から，ピアジェが想定したより幼い年齢の子どもたちがそれらの課題に通過できることを示している（図5-4）。

　幼児の認知能力を理解するためには，単純に1つの状況だけで判断するのではなく，その課題が子どもの日常生活に見合った内容であるかを考慮したり，複数の状況でのパフォーマンスを踏まえることが必要になるといえよう。

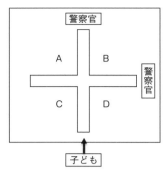

「3つの山問題」の変形課題で，警察官の人形から見えないように，壁で4つに区切られた場所の1箇所に男の子の人形を置くよう求める課題。例えば左図のように，警察官の人形が2箇所に配置された場合，「C」の位置に男の子の人形を置くことが正解となる。

　この課題の場合，3歳半～5歳の幼児でも，9割以上が正しい位置に男の子の人形を置くことができた。つまり，自分以外の視点から考えることが可能である。

図5-4　「男の子と警察官」課題（Donaldson, 1978をもとに作成）

■［3］幼児期の認知発達の「領域固有性」

　「発達の**領域固有性**」とは，「発達の進み方がそれぞれの領域・内容によって異なる」という考え方である。これに対して，ピアジェのように「領域・内容に関係なく，全般的に同じように発達が進む」といった考え方を「発達の領域一般性」と呼ぶ。

　乳幼児は，大人が考える以上に，さまざまな領域の事柄や事象について理解している。例えば，6か月児でも物理的に起こりえない出来事（例：物体は壁を通り抜けることができない）を理解し，18か月児は他者の好みへの理解（例：自分は嫌いでも，相手が好きな食べ物を渡す）を示す。このように，ヒトが生存する上で重要な領域（物理，心理，生物，等）に関して，子どもたちは人生早期から領域固有な知識をもつ。また，これらの領域の知識は断片的な知識の集合ではなく，個々の知識が相互に関連づけられている等の特徴を有する体系的な知識であるため，「**素朴理論**」と呼ばれる（Wellman & Gelman, 1992）。

　この乳幼児の素朴理論に関して，1990年代以降に盛んに行われてきたのが「**心の理論**」（素朴心理学）に関する研究である。心の理論とは，直接的には観察できない他者の意図・知識・信念といった心的状態に基づいて，他者の行動を予測する枠組みのことである。幼児期の心の理論は，主に「他者の誤った信念を理解できるか」を調べる課題（誤信念課題）によって測定されてきた。例えば，図5-5のストーリーを子どもに聞かせた後，「サリーがビー玉を探すのは，どこか？」といった誤信念質問を尋ねる。幼児が誤信念質問に正答するた

図 5-5　サリーとアンの課題（Frith, 2003/2009, p. 162を参考に作図）

めには,「アンがビー玉を動かした」という自分が知る事実を抑制し,サリー
の誤信念について考えなければならない。この課題に対して,多くの3歳児は
自分の知る事実に基づいて質問に回答するが,4歳頃から他者の誤信念に基づ
いて正しく回答できるようになる（Wellman et al., 2001）。

　さらに近年では，子どもたちが有する領域固有の知識や素朴理論の中でも，物体の表象・行為・数・空間といった領域に関する知識は，進化の過程で獲得された生得的なシステム（コア知識）であると主張されている（Spelke & Kinzler, 2007）。例えば，乳児でも「1＋1＝2」「2－1＝1」等の簡単な加算・減算を理解し，大きな数での概算もできる。また，このコア知識は，後の数量概念の発達の基礎となっている可能性が示されている（Halberda et al., 2008）。

　もちろん，「理論」とはいえ，幼児のもつ素朴理論が常に正しいとは限らない。例えば，稲垣・波多野（2005）は6歳児・8歳児・成人を対象に，「私たちが毎日食べ物を食べるのは，どうしてだと思うか？」といったように，ある身体現象が生じる理由について尋ねた。すると，8歳児や成人は「胃や腸で食べ物の形を変えて，体に取り入れるため」等，生理学的メカニズムに関する理由を答えた。その一方で，6歳の幼児は「食べ物から元気が出る力をとるため」等と答え，児童や成人とは異なる考え方をしていた。

　このように，成人がもつ科学的な理論と同じではないにせよ，幼児は物理・心理・生物や数量といった重要な領域について，彼らなりの理論をもっている。新しい事柄に直面することの多い中で，幼児はその領域の素朴理論をうまく使って，この世界について能動的に理解をしようとしているのである。

■ 4．幼児期の認知活動の基盤：実行機能

■ [1] 実行機能とは

　ヒトの認知活動を支える基盤の1つが，実行機能である。**実行機能**は「ある目標を達成するために思考・行動を制御する能力」で，抑制制御，ワーキングメモリ，シフティングの大きく3つの側面から構成される（森口, 2018）。抑制制御は「目標達成と関係のない不適切な情報や衝動的な反応を抑制する能力」，ワーキングメモリは「ある情報を処理しながら，必要な情報を覚えておく能力」，シフティングは「思考や行動を柔軟に切り替える能力」である。これらの側面は独立的ではなく，相互に関連しながら，実行機能を構成している。

　この実行機能は幼児期を通して急激に発達し，幼児のさまざまな認知活動の基盤となっている。例えば，実行機能の能力は，心の理論（Carlson et al., 2002）

や演繹的な思考（中道, 2009）を支えている。また，実行機能は幼児期の社会
的な行動や適応にもかかわっている。例えば，実行機能課題の成績の低さは，
幼稚園・保育所での仲間関係の不和を生じさせる一因ともなっている（Naka-
michi, 2017）。

■ [2] 幼児期の実行機能とその後の適応

　実行機能は，近年の幼児教育で注目されている「非認知的能力」（Heckman,
2013/2015）あるいは「社会情動的スキル」（OECD, 2015）の中核的な能力の
１つであり，幼児期だけでなく，その後の社会的な適応とも大きくかかわる。

　例えば，ミシェル（Mischel, 2014）は幼児を対象に，通称「マシュマロ・テ
スト」と呼ばれる課題を行った。マシュマロ・テストでは，実験者は幼児の好
きな菓子（例：マシュマロ１個）を机の上に置き，「私が戻ってくるまで待つ
ことができれば，より良い報酬（例：マシュマロ２個）をもらえる」ことを幼
児に伝えて，退室する。このような状況に直面した幼児がどれくらい待つこと
ができるのかを測定する課題である。ある実験では，待つことのできた平均時
間は幼児で６分25秒，小学３年生で11分25秒であった。特に年少の幼児には，
目の前のお菓子を食べたいという欲求を制御することは難しいようであった。

　そしてミシェル（Mischel, 2014）は，このマシュマロ・テストに参加した幼
児が成長して青年・成人になった時，再び調査を行った。その結果，幼児期の
マシュマロ・テストの時の行動は，青年期や成人期のさまざまな認知的・社会
的な能力や適応状態を予測した。例えば，待つ時間の長かった人は時間の短かっ
た人と比べ，米国の大学進学適性試験（SAT）の得点が平均で210点高かった。
また，幼児期により長く待つことのできた人は，成人期での対人的な問題が少な
いこと，肥満指数が低いこと等が示されている。

　このミシェルの研究をはじめ，欧米の多くの研究が，幼児期の実行機能が後
の適応に及ぼす影響を示している（森口, 2018）。日本でも，同様の研究が徐々
に進められている。例えば筆者らは，幼稚園の年長時点での実行機能，心の理
論能力，社会的情報処理の能力（状況に適した対人的な行動を選択する能力：
第６章を参照）それぞれが，後の学業達成や仲間関係に及ぼす影響を検討した。
小学校１年生までの関連を見ると（図５-６），幼児期の実行機能は心の理論や

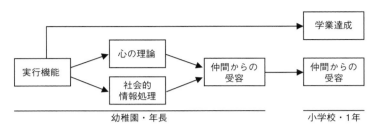

図 5-6　幼児期の実行機能が小学校 1 年生時点の学校適応に及ぼす影響
(Nakamichi et al., 2021をもとに作成)

社会的情報処理を介して，同時期の仲間関係の適応（仲間からの受容）を予測するとともに，小学校 1 年生時点での学業達成を直接的に予測した(Nakamichi et al., 2021)。日本でも，幼児期の実行機能の能力は学校適応を可能にするスクール・レディネスの 1 つになっているのである。

5.　認知発達と遊び

■ [1]　想像的な遊びに必要とされる認知能力

　幼児にとって遊びは生活の一部であり，彼らの発達にとっても重要な役割を担っている。幼児が頻繁に行う遊びの 1 つが，ふり遊びやごっこ遊びといった想像的な遊びである。

　子どもたちは，1 歳半前後からふり遊びや見立て遊びをし始める。単純なふりをする場合でさえ，子どもたちはいくつもの認知能力を使用している。例えば，「ポットの泥水をカップに入れ，その泥水をジュースとして見立てる」ためには，過去の自分の経験から頭の中にイメージ（表象）を作ることや，ある事物をほかの事物に置き換える（象徴）といったことが必要になる。

　その後の幼児期を通して，子どもたちはより社会的な要素をもったごっこ遊びを行うようになる。このごっこ遊びには，また別の認知能力も必要とされる。例えば，「女の子が母親のふりをしてご飯を作り，男の子が父親のふりをして仕事に行く」場面を考えてみよう。このごっこ遊びのためには，「料理する→皿に盛り付ける→配膳する」といった日常のスクリプト（出来事に関する時系列的な知識），ごっこ遊びをどう進めるかを計画する能力（プランニング），自

分の行動がイメージにあっているかを確かめて修正する能力（モニタリング）等が必要とされる。さらに，他の幼児とともにストーリーを進めていくためには，自分の考えを相手に言葉で表現することや，他者の考えを推測すること（例：心の理論）も必要となる。このように，子どもたちは自分の認知能力を活用しながら，想像的な遊びを成立させている。

■ [2]「発達の最近接領域」としての想像的な遊び

　認知能力が想像的な遊びに必要とされるのと同時に，想像的な遊びは子どもたちの認知能力を拡げ，育んでもいる。例えば，5歳児に「魚は木に住む，トットは魚である，トットは木に住むか？」といった質問をすると，彼らは論理的に「はい」と回答するのではなく，自分の経験・知識（例：魚は水に住む）に基づいて「いいえ」と回答する傾向がある。しかし，「これから違う星にいるふりをする」といったふり遊びの文脈の中でなら，5歳児は自分の経験・知識に縛られず，論理的に考えることができる（中道，2006）。また，物の多様な見立て（例：積木を太鼓に見立てた後，同じ積木を車に見立てる）を多くする3・4歳児ほど，8か月後の心の理論課題の遂行が優れている（杉本，2004）。

　つまり，幼児にとって想像的な遊びとは，現在の自分の認知能力をより高める「発達の最近接領域」（第1章参照）となっているように見える。例えば，ある研究（Thibodeau et al., 2016）では，3〜5歳児を3群（ふり遊び群，非想像的遊び群，統制群）に分け，それぞれの幼児の介入前・介入後の実行機能課題の遂行を比較した。ふり遊び群の幼児はテーマ（例：月に冒険に行き，宇宙生物と遭遇する）を与えられ，3〜6名のグループで，そのテーマに沿った内容を自分たちで考え，ふり遊びを行った。非想像的遊び群の幼児は，実行機能をあまり必要としない活動（例：歌う，色塗り）を行った。統制群では，特別な活動を導入せず，通常の活動が行われた。介入前の能力を考慮した分析の結果，ふり遊び群の幼児は非想像的遊び群と比べて，課題遂行がよかった。「ふり遊び・ごっこ遊び」の効果にはまだ検討の余地があるものの，このようなエビデンスは，幼児期の「遊び」の意義を考える上で重要となろう。

キーワード

　ピアジェの発達理論（シェマ，同化，調節）：ピアジェは，「事物・事象を理解する際に用いられる一定の枠組み」であるシェマを，同化（事物・事象を自分のシェマに合うように取り入れること）あるいは調節（事物・事象に適するように自分のシェマを作り変えること）することによって認知発達が生じると想定し，認知の発達段階説（感覚運動段階，前操作的思考段階，具体的操作段階，形式的操作段階）を提唱した。

　自己中心性・脱中心化：自己中心性（中心化）とは「自分の行為と他者／物の行為／活動，あるいは自分の視点と他者の視点が十分に分離できず，自分という1つの視点から物事を捉えてしまう傾向」で，前操作的段階の特徴の1つである。具体的操作段階に入り，この自己中心性から離れて思考できるようになることを「脱中心化」と呼ぶ。

　保存概念：「対象の形や状態を変形させても，対象の数量といった性質は変化しない」という概念で，ピアジェ理論では具体的操作段階に獲得されると考えられている。

　素朴理論：人生早期の段階から子どもたちがもつ体系的な知識のことで，物理的な事柄に関する領域（素朴物理学），人の心理に関する領域（素朴心理学），生物的な事柄に関する領域（素朴生物学）の知識などを含む。

　発達の領域固有性：発達の進み方がそれぞれの領域・内容によって異なるという考え方のこと。これに対して，領域・内容に関係なく，全般的に同じように発達が進むという考え方を「発達の領域一般性」と呼ぶ。

■ 引用文献

Carlson, S. M., Moses, L. J., & Breton, C. (2002). How specific is the relation between executive function and theory of mind? Contributions of inhibitory control and working memory. *Infant and Child Development, 110*, 73–92.

Donaldson, M. (1978). *Children's minds*. New York: W. W. Norton.

Frith, U. (2003). *Autism: Explaining the enigma* (2nd ed.). Oxford, UK: Blackwell.（フリス，U. 冨田真紀・清水康夫・鈴木玲子（訳）(2009)．新訂　自閉症の謎を解き明かす　東京書籍）

Halberda, J., Mazzocco, M. M. M., & Feigenson, L. (2008). Individual differences in non-verbal number acuity correlate with maths achievement. *Nature, 455*, 665–669.

Heckman, J. J. (2013). *Giving kids a fair chance*. Cambridge, MA: The MIT Press.（ヘックマン，J. J. 古草秀子（訳）(2015)．幼児教育の経済学　東洋経済新報社）

稲垣佳世子・波多野誼余夫 (2005)．子どもの概念発達と変化―素朴生物学をめぐって―　共立出版

岩立志津夫・小椋たみ子（編）(2002)．言語発達とその支援　ミネルヴァ書房

Karpov, Y. V. (2005). *The neo-vygotskian approach to child development*. New York: Cambridge University Press.

小林春美 (2008)．語彙の獲得―ことばの意味をいかに知るのか―　小林春美・佐々木正人（編）新・子どもたちの言語獲得 (pp. 89–117)　大修館書店

国立国語研究所 (1972)．幼児の読み書き能力　東京書籍

厚生労働省 (2011)．平成22年度乳幼児身体発育調査結果報告書

Mischel, W. (2014). *The marshmallow test: Understanding self-control and how to master it*. Great Britain:

Bantam Press．（ミシェル，W. 柴田裕之（訳）（2015）．マシュマロ・テスト―成功する子・しない子― 早川書房）

宮丸凱史（1998）．運動能力の発達バランス　体育の科学，*48*，699-705.

森　司朗・杉原　隆・吉田伊津美・近藤充夫（2004）．園環境が幼児の運動能力発達に与える影響　体育の科学，*54*，329-336.

森口佑介（編）（2018）．自己制御の発達と支援　金子書房

中道圭人（2006）．幼児の条件推論にふりの設定が及ぼす影響　発達心理学研究，*17*，103-114.

中道圭人（2009）．幼児の演繹推論とその発達的変化　風間書房

Nakamichi, K. (2017). Differences in young children's peer preference by inhibitory control and emotion regulation. *Psychological Reports, 120*, 805-823.

Nakamichi, K., Nakamichi, N., & Nakazawa, J. (2021). Preschool social-emotional competencies predict school adjustment in Grade 1. *Early Child Development and Care, 191*, 159-172.

National Research Council and Institute of Medicine. (2000). *From neurons to neighborhoods : The science of early childhood development*. Washington, DC : National Academy Press.

落合正行（2007）．乳児期における知識獲得のしくみの特徴　追手門学院大学心理学部紀要，*1*，25-46.

OECD. (2015). *Skills for social progress : The power of social and emotional skills*. Paris : OECD Publishing.

Piaget, J. (1970). Piaget's theory. In P. H. Mussen (Ed.), *Carmichael's manual of child psychology* (3rd ed.) : Vol. 1. New York : John Wiley & Sons.（ピアジェ，J. 中垣　啓（訳）（2007）．ピアジェに学ぶ認知発達の科学　北大路書房）

Piaget, J., & Inhelder, B. (1948/1956). *The child's conception of space*. New York : W. W. Norton.

島村直巳・三神廣子（1994）．幼児のひらがな習得―国立国語研究所の1967年の調査との比較を通して―　教育心理学研究，*42*，70-76.

Spelke, E. S., & Kinzler, K. D. (2007). Core knowledge. *Developmental Science, 10*, 89-96.

杉本直子（2004）．幼児の心の理解におけるふり遊びの役割―物の見立てに注目して―　乳幼児教育学研究，*13*，61-68.

Thibodeau, R. B., Gilpin, A. T., Brown, M. M., & Meyer, B. A. (2016). The effects of fantastical pretend-play on the development of executive functions : An intervention study. *Journal of Experimental Child Psychology, 145*, 120-138.

Tomasello, M. (2003). *Constructing a language : A usage-based theory of language acquistion*. Cambridge, MA : Harvard University Press.（辻　幸夫・野村益寛・出原健一・菅井三実・鍋島弘治朗・森吉直子（訳）（2008）．ことばをつくる―言語習得の認知言語学的アプローチ―　慶應義塾大学出版会）

Wellman, H. M., Cross, D., & Watson, J. (2001). Meta-analysis of theory-of-mind development : The truth about false belief. *Child Development, 72*, 655-684.

Wellman, H. M., & Gelman, S. A. (1992). Cognitive development : Foundational theories of core domains. *Annual Review of Psychology, 43*, 337-375.

吉田伊津美・杉原　隆・森　司朗・近藤充夫（2004）．家庭環境が幼児の運動能力発達に与える影響　体育の科学，*54*，243-249.

コラム5　知能・知的能力障害

　戦後より早々に公的な支援が提供されるべく認知されていた障害であり，聞きなじみのある障害であろう。国際的な診断分類上は，精神遅滞（Mental Retardation）という名前が長年使用されてきた。ただ，その用語のもつ差別的意味合いに加えて，精神遅滞という用語のもつ概念が実態と離れているという側面から，現在は知的障害（Intellectual Disabilities）という名称が使用されている。

表　知的障害（Intellectual Disabilities）

・**知的障害**：発達期に生じるもので，概念的，社会的，および実用的な領域における知的機能と適応機能両面の欠陥を含む障害。
・**全般的発達遅滞**：5歳未満の子どものうち，発達の遅れが認められるが，未分化な状態がゆえに重症度の評価が難しい場合に適用
・**特定不能の知的障害**：5歳以上のもので，知的能力以外のほかの問題により，知的障害の評価が難しい場合

　大括りの知的障害には3つの障害が含まれる。「知的障害」は従来の精神遅滞に相当するものであり，知的機能と生活適応能力，両方の評価をもって診断を行うことが引き続き強調されている。「全般的発達遅滞」は5歳未満の子どもで，重症度を中心に診断の評価が難しい場合に用いられる。大脳を中心とするヒトの中枢神経系は，出生時は未発達である。例えば，脳内の神経細胞機能を促進する髄鞘の形成は生後1年が盛んだが，脳内箇所のいくつかでは幼児期にかけても進展する。このため，児童期以降に確認できる（知的能力や認知能力を構成する）特定の能力群の中には，乳幼児期にははっきりしないものも一部ある（前川, 2001）。こうした未分化な状態でも，白黒をはっきりさせるべく設定されているカテゴリが「全般的発達遅滞」である。「特定不能の知的障害」については，例えば，身体障害や聴覚障害などの問題により，知的障害の評価が難しい場合に適用される。

　ところで「知的障害」の診断にあたって，これまではIQ（Intelligence Quotient：知能指数）の数値をもって，その重症度（軽度，中度，重度，最重度など）の分類が行われてきた。しかし，今回のDSMの改訂では，概念的領域（言語，数学的思考など），社会的領域（対人コミュニケーション力など），実用的生活領域（自助，金銭管理など）の機能面評価が前面に出る形で，重症度を決定することになった。数値という客観的で非常にわかりやすい指標であったIQが，表舞台から一歩引くことになったのはなぜだろう。この理由には，私たちが"絶対的なもの"とみなしてきた知能指数に対する理解の変化が影響している。このことを考えるきっかけとして，図を見ていただきたい。

　これは主に就学前から学童期前半にかけて，知能指数の判定のために医療機関や児童相談所などにて使用される田中ビネー知能検査Ⅴに関するものである（阿部, 2004）。ここでは「見て判断する視覚的な課題」と「聞いて判断する聴覚的な課題」とが，各年齢級でどれだけ含まれているかが個数と割合にて示されている。見ると，年齢によって【視覚－運

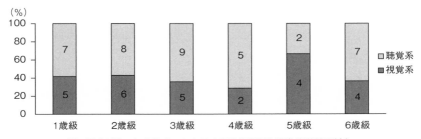

図　田中ビネー知能検査Vにおける視覚的課題と聴覚的課題の割合
(阿部, 2004を参考に筆者作成)

動】と【聴覚 – 言語】の異なるモダリティが，アンバランスに配置されていることに気づ
く。これによりいったい何が起こるだろうか。例えば，知的障害があるダウン症の子ども
は，聴覚処理よりも視覚処理の方が得意であることが臨床的には多い。表出にかかわって
は，伝達意図はジェスチャーを含めてはっきりしているものの，無発語の子どもも少なく
ない。この場合，5歳級を除いて，聴覚 – 言語的な課題の多い田中ビネーでは，本人が本
来もっている能力が十分に反映されない状態で IQ が算出されてしまう。そうして算出さ
れた IQ の数値は，彼らの一体何を表すことになるのだろうか。

　ほかにも構成概念である IQ の妥当性をめぐっては，国際的にもよく知られた現象とし
て，フリン効果（Flynn, 1999）がある。この主張は，就学前教育の充実を含めて社会経済
の発展が，長期的なスパンでの人口全体の IQ の数値を上昇させているという内容である。
そして，これによれば，相対的に知的障害の割合も減少することになる。私たちが，知的
障害の存在や重症度の根拠としてきた知能指数をめぐっては，その存在意義や算出方法を
めぐって絶えず議論が続いている。この流れに合わせて，知的障害の概念もアップデート
していかなければならし，またそれは専門家の間だけではなく，ともに生きていく共生社
会の形成に向けて，広く地域社会に開かれなくてはいけない。

引用文献
阿部秀樹（2004）．感覚と運動の高次化による心理検査項目の発達領域分析—田中ビネー知能検査5と新版K
　式発達検査2001の検討—　発達臨床研究, *22*, 33–46.
前川久男（2001）．認知処理過程と言語的知識及び教科学習との関連について：K-ABC の認知処理尺度と習
　得度尺度の関連の発達的変化から　心身障害学研究, *25*, 67–76.
Flynn, J. R.（1999）. Searching for justice : The discovery of IQ gains over time. *American Psychologist, 54*,
　5–20.

幼児期 Ⅱ

◎ 本章のポイント

本章では，幼児期の社会化や発達上の問題について，以下のことを理解していく。

・幼児期は自己のイメージをもち始める時期である。しかし，幼児の自己像はとても曖昧で，時に過剰なほどに肯定的なものになる。

・幼児は遊びでの仲間入りや社会的葛藤を通してさまざまなことを学ぶ。

・発達上の問題は何か1つの原因だけで生じるものではない。そのため幼児や養育者の今の状況を統合的に知ることが大切である。

1. 幼児期の自己の発達

[1] 客観的な自己意識とその萌芽

心理学者ジェームズ（James, W.）は，自己に対する意識（**自己意識**）を主観的（主体的）な「知る自己（I）」と，客観的（客体的）な「知られる自己（Me）」の2つの要素に分けた（James, 1892）。主観的自己は，自分の経験を自分でコントロールできる感覚，自分の経験は自分だけがもつという感覚，自分の過去，現在，未来はつながっているという感覚などからなる。一方で，客観的自己は物質的自己（身体，財産など），社会的自己（自分に対する他者のイメージなど），精神的自己（自分の意識や心理状態など）といった自己の内面的・外面的な特徴の理解であり，**自己概念**（self-concept）ともいわれる。

ナイサー（Neisser, 1988）は，人が自分自身のさまざまな情報に接することで，自分に関する知識を得るとしている（図6-1）。例えば，生態学的自己（自分の指を口の中に入れるなど）や対人的自己（母親のぬくもりを感じて落ち着くなど）は，身体感覚を通した環境の知覚で生じる主観的自己であり，乳児の頃から見られる。また，概念的自己（自分の好きなことや外見などの理解：自

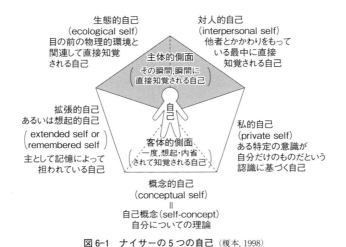

生態的自己
(ecological self)
目の前の物理的環境と
関連して直接知覚
される自己

対人的自己
(interpersonal self)
他者とかかわりをもって
いる最中に直接
知覚される自己

主体的側面
その瞬間,瞬間に
直接知覚される自己

自

拡張的自己
あるいは想起的自己
(extended self or
remembered self)
主として記憶によって
担われている自己

客体的側面
一度,想起・内省
されて知覚される自己

私的自己
(private self)
ある特定の意識が
自分だけのものだという
認識に基づく自己

概念的自己
(conceptual self)
‖
自己概念(self-concept)
自分についての理論

図 6-1　ナイサーの 5 つの自己 (榎本, 1998)

己概念),拡張的自己(自分の過去や未来についての理解),私的自己(自分が
感じることは自分だけのものであり,必ずしも他者と共有されないという理解)
は,これまでの社会経験や知識を想起または内省することで作られる客観的自
己である。

　では,このような客観的自己はいつ頃から芽生えるのであろうか。早期の客
観的自己の存在は,マークテスト(ルージュテスト)という手法で検討されて
きた。マークテストでは,まず子どもに気づかれないように,子どもの顔の一
部に口紅でマーク(しるし)をつけ,その後にマークをつけた子どもの顔を鏡
に映し,その子どもの行動を観察する。もし子どもが自分の外面的な特徴を理
解しているなら(自分の外見についての自己概念をもつなら),子どもは自分
自身の顔を触ろうとするはずである。これまでの研究では,1歳半を過ぎた子
どもは自分自身の顔を触ろうとすることが示されている(Amsterdam, 1972)。
これを踏まえると,2歳前には客観的自己(自己概念)の獲得が始まるようで
ある。

　客観的自己を獲得し始め,「他者とは違う自分」が意識できるようになると,
2歳頃から「これイヤ!」「ボクがやる!」と養育者などに自分の意志を主張
するようになる。子どもは自分の主張を緩めることが少ないため,養育者は「子

どもに反抗されている」と感じる場合がある。そのため，この時期は**第一次反抗期**やイヤイヤ期と呼ばれ，この時期の子どもは「魔の2歳児」と呼ばれる。しかし，この「反抗」も子どもが自分という存在を認識して自らの意志をもち，それを両親や先生に伝えるための彼らなりの自己主張であり，「イヤイヤ！」と泣く子どもの姿も彼らの発達を感じる光景といえよう。

■ [2] 幼児期の自己概念の特徴

　幼児の客観的自己（自己概念）の特徴について，デーモンとハート（Damon & Hart, 1988）は，幼児が自分自身を単純な特徴に当てはめるだけの自己理解（カテゴリ的自己規定）を行うと説明した。例えば，「髪の毛が黒い」（身体的自己），「ゲームをする」（行動的自己），「妹がいる」（社会的自己），「悲しくなる」（心理的自己）などである。幼児は自分自身を客観的に正しく内省することが難しいため，客観的自己は非常に曖昧なものになりやすい。特に幼児が自己を評価する際，その評価は肯定的になりやすい。例えば，幼児は低学年の児童より自己評価（自分の好きなところ，嫌いなところなど）を肯定的に回答する（佐久間ら, 2000）。同様に，幼児は低学年の児童よりも認知能力，運動能力の自己評価を肯定的に回答する（Harter & Pike, 1984）。

　では，なぜ幼児は肯定的な自己評価をするのだろうか。その理由として，まだ幼児には社会的比較が難しいことが考えられる。幼児は自分と他者を客観的に比較できず，「人と比べてできていない自分」に気づかずに自分を肯定的に評価するのかもしれない。ほかにも，大人に世話される「できないこと」の多い幼児が，自分の能力の低さを意識して落ち込まないようにするためかもしれない。例えば，幼児は児童（8〜10歳）や成人に比べて，ネガティブな特性（忘れっぽい，足が遅いなど）が将来的によい方へ変化すると考える傾向をもつ（Lockhart et al., 2008）。このような自己概念を幼児がもつことは，失敗することが多くても，積極的に物事へ挑戦していくために重要だと考えられる。

■ 2.　幼児期の仲間関係と遊び

　幼稚園や保育所は幼児にとってはじめて経験する社会であり，同年齢の子ど

もと生活する場である。その場で，幼児はどのように仲間を作っていくのだろうか。例えば，幼稚園では入園後1.5〜3か月の間に親密な仲間関係がつくられていく（謝, 1999）。また，仲間関係を形成する要因を見ると，他児から一緒に遊びたいと選ばれる幼児は，そうではない幼児より，対人的積極性が高く，相手が嫌がることをせず，友好的な働きかけが多い（中澤, 1992）。

　そして，この幼児の仲間関係は，**遊び**の中でさらに育まれていく。幼児期の遊びの形態について，パーテン（Parten, 1932）は，2〜4歳の幼児の自由遊びの観察を通して6つの発達段階を示した（表6-1）。幼児期は仲間とはほとんどかかわりをもたない「ひとり遊び」から，仲間と共通の目的をもち，それぞれの役割を遂行しながら協力して遊ぶ「協同遊び」まで，仲間との遊びが発展する時期である。それぞれの時期での遊びを通して，互いを遊びたい相手として選択し（自発性），対等な立場でかかわり（対等性），困った時には互いに助け合う（互恵性）経験を重ねる中で，より親密な仲間関係が形成される（高櫻, 2007）。

表6-1　パーテン（1932）による遊びの形態の分類

遊びの形態	内容
何もしていない行動 (Unoccupied behavior)	興味があるものをじっとみている場合もあるが，そうではない時はぼんやりしている。
ひとり遊び (Solitary Play)	他の子と関わることなく一人で遊ぶ。周りの子の状況に左右されずに自分がしたい活動を行う。
傍観 (Onlooker behavior)	多くの時間を他の子の遊びを見ることに費やす。遊んでいる子に話しかけたり，質問をしたりはするが，その遊びに入ろうとはしない。
並行遊び (Parallel play)	周りにいる子と同じ活動をしているが，一人で遊んでいる。同じことをしている周りの子の活動に関与しようとはしない。
連合遊び (Associative play)	他の子と一緒に遊ぶ。メンバーは，同じような活動に従事しているが，活動を分業したり組織化したりすることはない。
協同遊び (Cooperative or Organized Supplementary play)	同じ目的を持つ集団による組織化された遊びを行う。

3. 幼児の仲間関係を支える社会性

　遊んでいる集団に仲間入りしたり，一緒に遊んでいる仲間といざこざがあったり，幼児は遊びの中でさまざまな問題に直面する。幼児はこれらの問題を解決する経験を重ねることで，よりよく仲間とかかわるための社会性を発達させる。

■ [1] 社会的情報処理モデル

　クリックとダッジ（Crick & Dodge, 1994）は，社会的な問題解決場面で行われる**社会的情報処理**のモデルを提案した。さらに，レメリスとアルセニオ（Lemerise & Arsenio, 2000）は，このモデルに情動過程を組み込んだ（図6-2）。社会的情報処理モデルでは，円環する6つの段階を想定している。各段階の情報処理では，これまで獲得・貯蔵した知識やルール，社会的スキーマなどをデータベースから参照している。

　第1段階「手がかりの符号化」では，問題が生じている相手や，周りにいる仲間の表情や行動といった外的な情報に加え，今の自分の感情などの内的な情報を集める。第2段階「手がかりの解釈」では，第1段階で得た手がかりをもとに，なぜ問題が生じたのかという原因や，相手の意図などを解釈する。第3段階「目標の明確化」では，第2段階での解釈に基づき，その上で自分がどうしたいのかの明確な目標を設定する。第4段階「反応検索・構成」では，設定した目標を達成するために自分が行うべき行動・反応の選択肢を，データベースから探し出す（検索する）。第5段階「反応決定」では，選択肢の中から最も適切であると考えられる行動・反応を選択する。この選択には，結果予期（その行動・反応がどのような結果をもたらすか）だけではなく，自己効力の評価（自分にその行動・反応が行えるか）もかかわる。そして，最終的に選択した行動・反応を行う（第6段階「行動の実施」）。その後，自分の行動・反応の結果について，相手や周りの様子，行動に対する仲間からの評価を手がかりにして，次の問題解決に向けたサイクルが回る。なお，実際の問題解決場面では瞬時に自分の行動を判断して決定する必要があるため，子どもは各段階を意識的

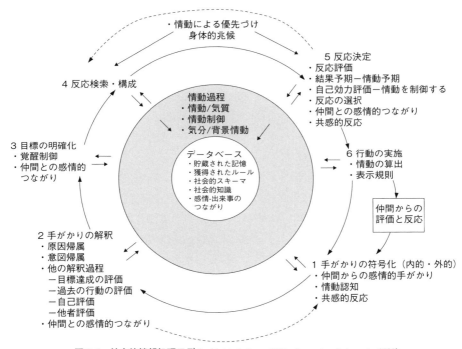

図6-2　社会的情報処理モデル（Crick & Doge, 1994；Lemerise & Arsenio, 2000）

注）斜字の部分は Lemerise & Arsenio（2000）により追加された箇所を示す。

に経ているわけではない。

　また，6つの段階での情報処理には，情動過程がかかわっている。子どもの気質や情動制御能力，その時の気分や情動の状態により，各段階で決定される反応や，データベースで検索される情報が異なる。

　社会的問題解決がうまくいかない場合は，このサイクルまたはデータベースのどこかに問題が生じていると考えられる。例えば，攻撃性の高い男児は，そうではない男児に比べ，相手の意図が曖昧な行為を敵意的に解釈しやすい（Dodge, 1980）。また，心の理論（第5章参照）を獲得していない幼児は獲得している幼児に比べ，葛藤場面（「すべり台で順番を抜かされた」など）で相手の故意性（故意・偶然）が理解できずに攻撃的な解決方法を選択する（鈴木ら, 2004）。このことから，攻撃性の高い幼児や心の理論を獲得していない幼児

は「手がかりの解釈」に歪みが生じている可能性がある。さらに，「反応検索・構成」では，データベースにある選択肢のレパートリーが少ない場合，検索した選択肢の中に適切な反応がない可能性が高くなる。このような幼児や児童には，選択肢のレパートリーを増やす社会的スキル訓練が有効である。社会的情報処理モデルのどの段階に問題があるかを知ることで，社会的問題解決が苦手な子どもに対する適切な援助が可能になる。

■［2］社会的行動のための自己制御

　自己制御とは，自己と社会との調整の機能，すなわち内在化された社会的価値や規範に基づき適切な行動を選択・判断し，その行動を自律的に行うことをいう（中澤，2016）。日本では，この自己制御は**自己主張**と**自己抑制**の2側面から説明されることが多い。柏木（1988）は，自己主張・実現（入りたい遊びに自分から"入れて"と言える，他の子に自分の考えやアイディアを話す，など25項目）と自己抑制（遊びの中で順番を待てる，叩かれてもすぐに叩き返さない，など46項目）に分け，保育者に担当クラスの幼児について各項目の評定を求めた。その結果（図6-3），自己主張・実現は3歳から4歳の間で得点が上昇し，その後6歳まで横ばいだった。一方で，自己抑制は3歳から6歳まで一

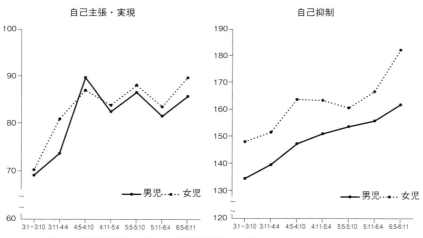

図 6-3　「自己主張・実現」と「自己抑制」の年齢による変化（柏木，1988より）

貫して上昇した。概ね，自己主張や自己抑制はどちらも加齢にともなって発達していた。

　では，幼児の自己制御の発達を支える要因は何であろうか。その要因の1つが，自己制御のための方略を知ることである。例えば，ミシェル(Mischel, 2014)の行ったマシュマロ・テスト（第5章参照）では，我慢するための方略（例えば，「楽しいこと」を考えるなど）を伝えられた幼児は10分以上待つことができたが，方略を伝えられていない幼児は1分も待てなかった。日常の中で「我慢する」ことを求められる場面は多くある。我慢するための方略をあまりもっていない幼児に対しては，「どのように我慢すればいいのか」に関する方法を伝えることや，幼児ができる我慢の方略を一緒に考えることが大切となる。同様のことが，自己主張にも当てはまるだろう。

■ **[3] 仲間とうまくかかわるための方略**

　幼児は仲間との遊びの中で，「やりたい遊びを提案する」，「遊びの順番を待つ」といった自己制御を必要とする場面が多い。幼児は仲間とのかかわりの中で成功や失敗の経験をすることで，仲間と上手にかかわるための方略を増やしていき，適切な方略を選択して行動できるようになる。

(1) 幼児の「仲間入り」に関する方略

　幼児の仲間入り場面を観察した研究（Corsaro, 1979）によると，仲間入りに成功しやすい行動は「遊び集団の進行中の行動をマネする」（成功率64.2％），「その遊びにふさわしい質問をする」（成功率52.0％），「『入れて』と言う」（成功率47.8％）ことであった。また，仲間入りを拒否されやすい行動は「進行中の遊びを邪魔する」（拒否率81.4％），「大人に頼る」（拒否率66.7％），「場所や物を要求する」（拒否率55.2％）ことであった。さらに，仲間入りの相手に無視されやすい行動は「言葉をかけずに周囲を回る」（無視率81.4％），「遊びの参加者以外に助けてもらう」（無視率66.7％），「言葉をかけずに近づく」（無視率51.7％）ことであった。子どもが上手に仲間に入るためには，展開している遊びの内容を把握して，入りたいという意思を自分から表明する必要がある。

　仲間入りが成立した場合，子どもは積極的に情報交換を行い，集団を調整し

ながら遊びを継続させている（倉持, 1994）。例えば，仲間入りした子どもにこれまでの遊びの経緯を説明し，遊びの文脈が崩れないような役を与え，役を与えられた子どもはその役に納得する。また，仲間入りする子どもが自分のやりたい役を提案し，これまで遊んでいた子どもがそれに納得することもある。

　しかし，日本では「『入れて』と言う」仲間入りの成功率が79％と高く（無藤, 1992），「入れて」と言われたら自分が納得しないままに「いいよ」と言い返すルールが幼児の中で成立していることが多い。もし遊びの調整が難しい場合は，仲間入りの要求を拒否することも重要な方略である。その際，一方的に「だめ」と言って仲間入りを拒否するのではなく，その理由（例：人がたくさんいすぎる，○○を持っていない，など）を相手に伝えて，互いに我慢し過ぎずに納得することも大切である。

(2) 幼児の「社会的葛藤」に対する方略

　遊びの中で，幼児はさまざまな**社会的葛藤**を経験する。「シャベルを取られた！」「作っていたものを壊された！」などは，幼児にとって互いの主張がぶつかる大問題である。幼児が経験する社会的葛藤は，他者の存在や自分と異なる他者の考えに気づき，考えることができる貴重な経験の場である。

　この社会的葛藤に対する方略は，幼児期の中でも変化する。例えば，いざこざが生じた場合，3歳前半より，3歳後半の子どもは相互理解を得るような方略（イメージの共有，言語的説明，ルール使用，妥協・譲歩）によって，いざこざを終結させることが多い（木下ら, 1986）。また，3歳では保育者が遊びに介入して遊びを調整することが多いが，4歳以降では子どもだけで遊びのルールや自分の立場を説明して相互理解を得ようとする（岩田, 2017）。さらに，幼児でも「違反を犯したら謝らなければいけない」スクリプト（謝罪スクリプト）や「謝罪を受けたら許さなければいけない」スクリプト（謝罪−許容スクリプト）をもち（中川, 2003），このスクリプトにより，社会的葛藤をひとまず収め，争いを避けている。

4. 幼児期の発達上の問題

■ [1] 外在化問題行動と内在化問題行動

　子どもの問題行動は**外在化問題**と**内在化問題**に大別される。外在化問題行動は，状況に見合った年齢相応な行動のコントロールができず，周囲の大人や仲間たちに迷惑をかけるようなタイプの問題行動で，注意散漫や攻撃的，反社会的行動を示す。一方，内在化問題行動は，過度の不安や恐怖，抑うつなど，本人自身に問題が起きるタイプの問題行動である（山形ら，2006）。外在化・内在化問題行動はともに，1つの原因から生じるのではなく，個人の気質や環境の間の相互作用がその発生には影響している。そのため子どもの発達は，環境からの期待や要求が子どもの特性と適合した場合に望ましい方向に発展するが，適合しない場合は問題行動が生じやすい。

　問題行動の発生も含め，人間の発達には，個人の気質，環境，時間などさまざまな要素がダイナミックにかかわっている。発達を総体的に考えるためには，心理学をはじめ医学や社会学などさまざまな学問領域の知識を統合する必要がある。個人の発達プロセスについて複数の関連やレベルから捉えようとする**発達精神病理学**では，「結果」としての適応・不適応は人の心理的機能に影響を受け，心理的機能は個人要因（生物学的，遺伝的，心理的個人要因），社会環境要因（政府，経済，地域社会，自然・環境問題），ソーシャルサポート（夫婦，親−子ども，きょうだい，家族以外の人々，仲間）から影響を受けると想定する（Cummings et al., 2000）。つまり，適応・不適応などの問題は何かをしたからすぐに変化するのではなく，長期間かかって変化が現れるものである。

　発達精神病理学の最終目的は，複雑で長期にわたる個人の環境と相互作用のパターンがどうであれば正常で望ましい発達，あるいは不適応や精神疾患につながるのかを説明することにある（Cummings et al., 2000）。例えば，クーイ（Coie, 1996）は，青年期に反社会的行動のリスクがある子どもは6，7歳時の家庭や学校における攻撃行動や問題行動，不従順な行動から同定できるとしている。行動上の問題は時間の経過によりスパイラルに悪化すると考えられているため，青年期の反社会的行動の予防のためには早期の介入が重要である。

■ [2]　3 歳児健診

　子ども 1 人 1 人の状況を把握する方法の 1 つとして日本では，各自治体が 1 歳半，3 歳の時点で乳幼児健康診査が行われている。これは，母子保護法第12条に基づいて行われるものであり，2017（平成29）年度の 3 歳児の95.2%が 3 歳児健診を受診している。**3 歳児健診**では身体的発育異常，精神的発達障害，熱性けいれん，運動機能異常，神経系・感覚器の異常，その他の各疾患（血液，皮膚，循環器系，呼吸器系，消化器系，泌尿生殖器系），先天異常，生活上の問題，情緒行動条の問題，そして児童虐待などその他の異常について健康診査を行う。乳幼児健康診査は子ども 1 人 1 人の健康状態や，その地域に暮らす子どもの健康状況の把握だけでなく，養育者が医師や保健師等と出会う場としての意義をもつ（国立成育医療研究センター，2018）。定期的な健診で母子の心身の健康状態や子育て環境を把握することは，子どもの障害，養育者のメンタルヘルスの不調，さらに児童虐待やその他の心理社会的リスクに対して，適切なタイミングで支援することにつながる。

■ [3]　幼児期の問題の長期的な影響

　心身ともに大きく変化する幼児期に生じた問題は，その後の彼らの生活に大きく影響する。例えば，1980年代，社会主義独裁政権時代のルーマニアの孤児院の劣悪な環境下で育った子どもは，愛着の形成やストレスに対する過敏性，社会的行動などに問題が見られた。さらに，英国や米国などへ養子として移住するのが遅かった子ども（つまり，劣悪な孤児院で長い時間を過ごした子ども）ほど，これら問題の回復に時間がかかった（Nelson et al., 2014）。

　また，幼少期に虐待を受けた成人の脳を見ると，激しい体罰を受けると前頭前野（感情や思考，犯罪抑制力にかかわる領域）が縮小し，夫婦間の DV を目撃すると視覚野（視覚情報を処理する領域）が縮小し，さらに，言葉による暴力を受けると聴覚野（スピーチや会話の音声情報を処理する領域）が変形していた（友田・藤澤，2018）。これら幼少期の心理的虐待は脳を傷つけ，虐待経験のフラッシュバックをともなう心的外傷（トラウマ）を抱えるだけでなく，長期間にわたって認知機能や社会性の発達が阻害される。しかし，たとえ虐待によって脳が傷ついたとしても，発達途上の子どもの脳には可塑性があるため，

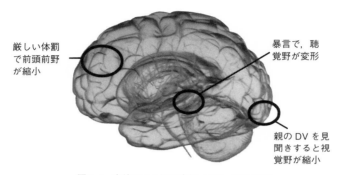

厳しい体罰
で前頭前野
が縮小

暴言で，聴
覚野が変形

親の DV を見
聞きすると視
覚野が縮小

図 6-4　虐待による脳の変形（友田・藤澤, 2018）

脳を柔軟に復元して回復する可能性がある。そのため，児童虐待では，できる
限り早い時期に介入し，心的外傷に対する支援や治療をすることが望まれる。

キーワード

　レジリエンス：レジリエンスとは「困難な環境にもかかわらず，うまく適応する過程・
能力・結果」である（Mastern et al., 1990）。同じ困難な状況においても，精神的な健康
を維持したり，回復させたり，その経験を自身の成長に結びつけたりと人によりその結
果はさまざまである。リスクとなる出来事が起こった時に，そこに立ち向かう人がどの
ようなレジリエンスをもつかも困難な出来事を乗り越えられるかに影響している。
　ソシオメトリックテスト：モレノ（Moreno, 1934）により考案された集団内の心理的特
徴を明らかにするための調査方法。集団内の「好きな子（一緒に遊びたい子）」「嫌いな
子（一緒に遊びたくない子）」を指名することで，集団の中で受け入れられている子，受
け入れられていない子を把握できる。

■ 引用文献

Amsterdam, B.（1972）. Mirror self-image reactions before age 2. *Developmental Psychology*, *5*, 297–305.
Corsaro, W.（1979）. 'We're friends, right?': Children's use of access rituals in a nursery school. *Language Society*, *8*, 315–336.
Coie, J. D.（1996）. Prevention of violence and antisocial behavior. In R. D. Peters & R. J. McMahon（Eds.）, *Preventing childhood disorders, substance abuse, and delinquency*（pp. 1–18）. Thousand Oaks, CA: Sage.
Crick, N. R., & Dodge, K. A.（1994）. A review and reformulation of social information-processing mechanisms in children's social adjustment. *Psychological Bulletin*, *115*, 74–101.
Cummings, E. M., Davies, P. T., & Campbell, S. B.（2000）. *Developmental psychopathology and family process: Theory, research, and clinical implication*. New York: Guilford Press.（菅原ますみ（監訳）（2006）.

発達精神病理学―子どもの精神病理の発達と家族関係　ミネルヴァ書房）

Damon, W., & Hart, D.（1988）. *Self-understanding in childhood and adolescence*. New York：Cambridge University Press.

Dodge, K. A.（1980）. Social cognition and children's aggressive behavior. *Child Development, 51*, 162–170.

榎本博明（1998）.「自己」の心理学――自分探しへの誘い――　サイエンス社

Harter, S., & Pike, R.（1984）. The pictorial scale of perceived competence and social acceptance for young children. *Child Development, 55*, 1969–1982.

岩田美保（2017）. 園での仲間遊びにおける葛藤解決に関わるやりとりの事例的検討　千葉大学教育学部研究紀要, 65, 73–78.

James, W.（1892）. *Psychology: Briefer course*.（今田　寛（訳）（1992, 1993）. 心理学（上・下）　岩波書店）

柏木恵子（1988）. 幼児期における「自己」の発達　東京大学出版会

倉持清美（1994）. 就学前児の遊び集団への仲間入り過程　発達心理学研究, 5, 137–144.

木下芳子・齋藤こずゑ・朝生あけみ（1986）. 幼児期の仲間同士の相互交渉と社会的能力の発達―3歳児におけるいざこざの発生と解決―　埼玉大学紀要　教育学部（教育科学）（Ⅰ）, 35, 1–15.

国立成育医療研究センター（2018）. 乳幼児健康診査　身体診察マニュアル. 平成29年子ども・子育て支援推進調査事業　乳幼児健康診査のための「保健指導マニュアル（仮称）」及び「身体診察マニュアル（仮称）」作成に関する調査研究

Lemerise, E. A., & Arsenio, W. F.（2000）. An integrated model of emotion processes and cognition in social processing. *Child Development, 71*, 107–118.

Lockhart, K. L., Nakashima, N., Inagaki, K., & Keil, F. C.（2008）. From ugly duckling to swan Japanese and American beliefs about the stability and origins of traits. *Cognitive Development, 23*, 155–179.

Mastern, A. S., Best, K. M., & Garmezy, N.（1990）. Resilience and development : Contribution from the study of children who overcome adversity. *Development and Psychopathology, 2*, 425–444.

Michel, W.（2014）. *The marshmallow test : Mastering self-control*. New York：Little, Brown.（柴田裕之（訳）（2015）. マシュマロテスト―成功する子・しない子　早川書房）

Moreno, J. L.（1934）. Who shall survive? *Nervous and Mental Disease Monograph, 58*, 363–369.

無藤　隆（1992）. 子どもたちはいかに仲間か否かを区別するか　科学朝日, 526, 18–23.

中川美和（2003）. 大人葛藤場面における年長児の謝罪―許容スクリプト　広島大学教育学研究科紀要　第三部, 52, 345–353.

中澤　潤（1992）. 進入園児の友人形成―初期相互作用行動, 社会的認知能力と人気―　保育学研究, 30, 98–106.

中澤　潤（2016）. セルフ・レギュレーション　田島信元・岩立志津夫・長崎　勤（編）　新・発達心理学ハンドブック（pp. 538–547）　福村出版

Nelson, C. A., Fox, N. A., & Zeanah, C. H.（2014）. *Romania's abandoned children : Deprivation, brain development, and the struggle for recovery*. Cambridge, MA：Harvard University Press.

Nesser, U.（1988）. Five kinds of self-knowledge. *Philosophical Psychology*, 1, 35–59.

Parten, M. B.（1932）. Social participation among preschool children. *The Journal of Abnormal and Social Psychology, 27*, 243–269.

佐久間（保崎）路子・遠藤利彦・無藤　隆（2000）. 幼児期・児童期における自己理解の発達：内容的側面と評価的側面に着目して　発達心理学研究, 11, 176–187.

謝　文慧（1999）. 新入幼稚園児の友だち関係の形成　発達心理学研究, 10, 199–208.

高櫻綾子（2007）. 3歳児における親密性の形成についての事例的検討　保育学研究, 45, 23–33.

鈴木亜భ美・子安増生・安　寧（2004）. 幼児期における他者の意図理解と社会的問題解決能力の発達：「心の理論」との関連から　発達心理学研究, 15, 292–301.

友田明美・藤澤玲子（2018）. 虐待が脳を変える：脳科学者からのメッセージ　新曜社

山形伸二・菅原ますみ・酒井　厚・眞榮城和美・松浦素子・木島伸彦・菅原健介・詫摩武俊・天羽幸子（2006）. 内在化・外在か問題はなぜ相関するのか―相関関係の行動遺伝学的解析　パーソナリティ研究, 15, 103–119.

コラム6　自閉症スペクトラム障害

　自閉症スペクトラム障害（Autistic Spectrum Disorder : ASD）は，かつてより自閉症あるいは広汎性発達障害（PDD）と呼んでいたものである。2013年の診断分類の改訂で大きな変化を遂げた障害であるが，変更点の中核は「スペクトラム（連続体）概念」の採用である。下記図の通り，以前のPDDでは，一般の人との境界が明確にあり，かつ同グループ内でも異なる臨床象を示すものが存在することを前提に，サブカテゴリーが設けられていた。しかし，便宜的な線引きのもとで診断をつけることは，専門の医師であっても難しい作業であった。現在は下記表AとBの診断基準に代表される"自閉症らしさ"について，一般の人も含めてその濃淡がついている（連続している）という理解のもとで，重症度を判定することとなった。

　ところで，なぜASD児・者に社会性やコミュニケーションの問題が生じるのか。その背景をめぐる議論は，現在に至るまで枚挙にいとまがない。初期（1960年〜）には，親の

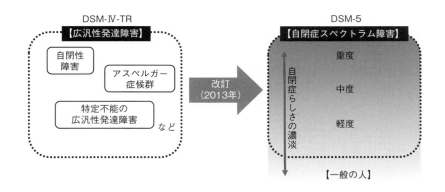

図　自閉症概念の変化

表　DSM-5の自閉症スペクトラム障害の診断基準（一部抜粋）

A）複数の状況で社会的コミュニケーションおよび対人的相互反応における持続的な欠陥
　（例：対人・情緒的な相互関係の問題／の非言語コミュニケーション行動使用の問題／関係の発展や維持の問題）
B）行動，興味，または活動の限定された反復的な様式
　（例：常同的・反復的な身体の運動など，同一性保持・固執，限定的な興味，感覚的な刺激に対する特異的な行動）

注）C，Dは省略。

養育の問題が自閉症の原因であるとする心因論が盛んであった。日本ではこの誤解，つまり「親のしつけが悪いから子どもが自閉症になる」という間違った理解を払拭するのに，長い年月を要した。80年代以降，人には相手の意図・信念などの心の状態を読む力があり，その能力の欠如が ASD の中核であるとする「心の理論障害仮説」が話題になった。近年では生物学的な検証から ASD が脳の機能障害を有することを前提に，ミラーニューロンの障害，共感化－システム化仮説，中枢性統合の弱さ（全体よりも細部を，トップダウンよりもボトムアップ処理を志向する認知処理）など，さまざまな意見が飛び交っている。いずれにしても未だ答えは出ておらず，周囲からその症状が理解されにくい障害であり，ASD 当事者ならびにその家族への支援に向けた研究の展開が，今後も期待される。

児童期 I

7

◎ **本章のポイント**

　本章では，児童期の身体・脳の発達や認知発達，そして認知発達と学業的な適応の関連について学ぶ。児童期は 6 歳から12歳までの小学生の時期を指す。この児童期の子どもたちは，幼児期とは異なり，小学校での教科学習に取り組むことになる。本章では，認知発達の中でも教科学習とかかわりの深い「記憶」「思考」を中心に説明する。児童期の 6 年間の中で，子どもたちは身体的・認知的にも変化していく。その変化に目を向けながら，児童期の発達を学んでほしい。

1. 児童期の身体的な発達

[1] 身体・運動機能の発達

　児童期の 6 年間で，身長は30cm 程度，体重は20kg 以上増加する。もちろん，この身体的な増加は一度に起こるわけではない。例えば身長（表 7−1）に関して，小学 1 〜 4 年生の間は年間 5 〜 6 cm 程度の増加を示し，その後の**思春期スパート**と呼ばれる時期では，年間 7 〜 8 cm 程度の急激な増加が起こる。

　また，このような児童期の身体的な発達のペースは，時代によって変化する。例えば，2019（令和元）年度での11歳男児の平均身長は145.2cm で，彼らの親世代が11歳であった時より0.9cm 高い（表 7−1）。また，17歳男子の平均身長は2019年度と親世代で0.1cm の差でほぼ同一であるものの，身長の最も増加する時期（表 7−1 ・網掛け部分）は親世代より 1 年早い。つまり，男児では身体的な成長が早まる成長加速現象（第 9 章も参照）が見られる。

　身体的な発達とともに，運動能力も発達する。例えば，50m 走のタイムは 6 歳（男＝11.45秒；女＝11.82秒）から12歳（男＝8.42秒；女＝8.90秒）にかけて急激に短くなり，その後の伸び（18歳時点：男＝7.36秒；女＝9.14秒）は緩

表 7-1　年齢別の身長の平均値と年間増加量（文部科学省, 2020）

| | | 平均身長 | | | | 17歳になるまでの年間増加量 | | | |
| | | 男児 | | 女児 | | 男児 | | 女児 | |
		令和元年度	親世代	令和元年度	親世代	令和元年度	親世代	令和元年度	親世代
幼稚園	5 歳	110.3	110.8	109.4	110.0	6.0	5.4	6.0	5.3
小学校	6 歳	116.5	116.7	115.6	116.0	5.9	5.5	5.9	5.8
	7 歳	122.6	122.5	121.4	121.8	5.6	5.7	5.7	5.8
	8 歳	128.1	127.9	127.3	127.3	5.3	5.2	6.1	5.7
	9 歳	133.5	133.3	133.4	133.1	5.4	5.2	6.6	6.4
	10歳	139.0	138.3	140.2	139.5	6.1	5.8	6.7	6.9
	11歳	145.2	144.3	146.6	146.1	7.5	6.9	5.0	5.6
中学校	12歳	152.8	151.3	151.9	151.4	7.3	7.7	3.1	3.6
	13歳	160.0	158.6	154.8	154.8	5.4	5.4	1.6	1.9
	14歳	165.4	164.4	156.5	156.4	3.0	3.8	0.6	0.8
高等学校	15歳	168.3	167.9	157.2	157.1	1.7	1.9	0.5	0.4
	16歳	169.9	169.6	157.7	157.6	0.7	0.9	0.3	0.3
	17歳	170.6	170.5	157.9	157.8	—	—	—	—

注）「親世代」は，昭和46〜58年に出生した人の平成元年度時点の年齢でのデータ。

やか，あるいは横ばいになる（スポーツ庁, 2020）。また，児童期は「スポーツ運動に関する段階」（宮丸, 1998）にあたり，スポーツ技能の前提となる運動能力を身につけ，さまざまなスポーツ技能を幅広く修得していく（第5章も参照）。

■ [2] 脳の発達

　児童期以降の脳の量的成長（大きさ，重さ）は，幼児期に比べて緩やかになる。しかし，これは「脳はそれ以上変化しないこと」を意味しない。児童期以降も，脳は質的に変化し続けるとともに，個人の経験に応じて変化するような柔軟性をもつ。例えば，脳の神経細胞の軸索が髄鞘（ミエリン）で覆われる「髄鞘化」が起こる（第2章も参照）。神経を伝わる電気的信号の伝達速度は，髄鞘化の前は秒速30cm〜2mであるのに対し，髄鞘化の後は秒速120m程度に上昇する。乳幼児期の髄鞘化は，感覚野や運動野といった低次神経で進む。そして，その後の児童期の髄鞘化は，感覚連合野や前頭連合野といった高次神経で進む。これらの領域は外部の情報を理解し，言語・イメージに変換したり記

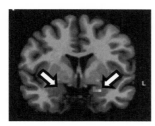

扁桃体の位置

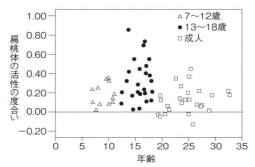

図7-1　感情を喚起する刺激に対する各年齢群の扁桃体の反応の違い
(Hare et al., 2008をもとに作成)

憶すること，自分の行為の計画を立てること，さらに感情を制御することなど
にかかわっている（永江, 2004）。

　また，児童期後半～青年期前半にかけて，脳領域で大きな変化が起こり，感
情的な刺激に対して敏感に反応するようになる（Jensen & Nutt, 2015）。例え
ば，この時期の子どもは，報酬に対して脳内のドーパミンが放出されやすい。
また，感情を喚起する画像刺激を見た時，7～12歳児や成人と比べて，13～18歳
の子どもは感情経験にかかわる脳領域である扁桃体が強く反応する（図7-1）。
その一方，その感情や付随する行動の抑制にかかわる前頭前野はまだ発達途上
である。そのため，児童期後半～青年期前半の子どもたちは，他の時期に比べて，
リスクをともなったとしても，快を与えてくれる活動にかかわりやすくなる。

■ 2. 児童期の記憶機能の発達

■ [1] 記憶のメカニズム

　小学校に入学し，子どもたちは幼稚園・保育所とは異なる状況（授業）の中
で新しい知識を獲得していく。本項では，この新しい知識の獲得にかかわる記
憶のメカニズム（どのように覚えるのか）について説明する。

　記憶のメカニズムに関して，アトキンソンとシフリン（Atkinson & Shiffrin,
1971）は，二重貯蔵モデルを提唱している（図7-2）。このモデルでは，外部
の情報は知覚を通して，まず感覚登録器に入力される。感覚登録器の情報（感

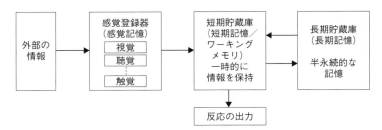

図 7-2　記憶のメカニズムの概要（Atkinson & Shiffrin, 1971をもとに作成）

覚記憶）は意識的に覚えようとしなくとも，0.5〜5秒程度保持されるが，その多くは注意を向けられることなく，そのまま消去される。

　この感覚記憶のうち，意識的に注意を向けられた情報が短期貯蔵庫に送られる。そして，短期貯蔵庫に送られた情報（**短期記憶**）は，さまざまな認知的処理に利用されるために，一時的に保持される。短期記憶の容量は，例えば「8，3，9，2…」のような数列を覚える場合，就学前期で4〜5桁，児童期で5〜6桁，15歳以上で7桁程度である（大川ら, 2008）。そして，この短期記憶の情報は，そのままでは15〜30秒程度で消失する。その情報を「リハーサル（覚える事柄を口頭で，あるいは頭の中で繰り返す）」や「体制化（覚える事柄をいくつかのまとまりに整理する）」などの**記憶方略**を使って覚えようとした場合に，長期貯蔵庫の情報（長期記憶）として半永久的に保持されるようになる。

　そして，これらの記憶のメカニズムを使って，私たちは日常生活の中で物事について考えたり，直面した問題を解決している。例えば，三段論法をはじめとする演繹的な思考のように，いくつかの情報に基づいてある物事について論理的に考える際には，長期記憶として保持されている自分の経験や知識を使いながら，その物事について考えている（中道, 2009）。そのため，「思考」の発達と「記憶」の発達は切り離せない関係にあるといえよう。

■［2］ワーキングメモリの発達

　ワーキングメモリ（working memory）は短期記憶を発展させた概念で，「必要な情報を一時的に保持しながら，何らかの認知的活動を行う」システムである。このワーキングメモリは，文章理解や計算といった学業的な活動はもちろ

ん，車の運転や料理などの日常的な活動でも働いている。

　ワーキングメモリは「音韻ループ」，「視・空間的スケッチパッド」，そして「中央実行系」の３つの下位システムで構成される（Baddeley, 1986）。音韻ループは言語などの音声的な情報を保持するシステムであり，視・空間的スケッチパッドは視覚的・空間的な情報を保持するシステムである。中央実行系はこれら２つの下位システムの働きを制御し，さらに文章理解・問題解決などの認知的活動の処理の実行と，そのために必要な情報の保持に関与している。

　また，ワーキングメモリの代表的な測定法の１つは，リーディングスパンテスト（reading span test；RST）である（苧阪, 2000）。RST は，ある単語に下線が引かれた短文を対象者に順次提示し（例：「一番下の弟が，まぶしそうに目を動かしながら尋ねた」，「様々な工夫をこらして，西洋の言葉を学ぼうとした」，「彼は，人々の信頼に答えようと，昼も夜も働いた」），それぞれの短文を音読しながら下線の単語を覚えてもらい，全文を読み終わった後で下線の単語を報告してもらう課題である。この RST では，「ある単語を保持する」ことと，「文章を音読する」という他の認知的処理が同時に求められている。この RST で覚えておける単語数は，７歳頃は2.0個，10歳頃には2.8個になり，20～30歳代では3.6個まで上昇し，その後（40～50歳代＝2.6個，60～73歳＝1.9個）は下降する（苧阪, 2000）。

　このような課題によって測定されたワーキングメモリの容量（WM 容量）

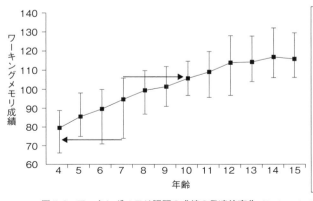

図 7-3　ワーキングメモリ課題の成績の発達的変化（Gathercole & Alloway, 2008）

は，幼児期から成人期の長期にわたり発達していく。例えば，図7-3はWM
課題成績の4〜15歳にわたる変化を示しており，平均的には，WM容量は児
童期を通して増大する。また，このWM容量やその発達には大きな個人差が
ある。例えば，7歳でワーキングメモリ課題成績の上位10％の子どもたちは10
歳児の平均を上回り，成績下位10％の子どもたちは4歳児の平均を下回る。

■ [3]　長期記憶の発達

　長期記憶には，大別すると「宣言的記憶」と「手続き的記憶」の2種類がある。
宣言的記憶は意図的に言語化できる記憶であり，意味記憶とエピソード記憶を
含む（Tulving, 1983）。意味記憶は，「オラウータンは霊長類である」といった
一般的な事実や概念に関する記憶である。エピソード記憶は，「去年の8月に
動物園に行った」といったように時間や場所が特定される個人的な出来事や事
象に関する記憶である。また，手続き的記憶は，車の運転やスキーの滑り方な
どの技能の実行にかかわる記憶であり，実際の遂行をともなわないと言語化が
困難で，また遂行中であっても必ずしも言語化できるとは限らない記憶である。
　この長期記憶の情報は，それぞれが独立して保持されるわけではない。例え
ば図7-4のように，宣言的記憶の情報は，意味的に関連する情報同士が結び
ついたネットワーク構造をなしている（Collins & Loftus, 1975）。図7-4でい
えば，「色」に分類される情報同士や，「日の出」「日の入り」といった意味的
な関連が強いものほど，密接に結びついている。さらに，このネットワークは
ある情報が活性化されると，その情報だけでなく，その情報と意味的に関連す
る情報にも活性化が広がるという特徴をもつ（例：「火」に関連して，「赤色」
「消防車」を思い出しやすくなる）。
　また，情報が「ある出来事の一連の流れ」として保持される場合，その情報
のまとまりは「スクリプト」と呼ばれる。例えば，私たちは「レストラン」ス
クリプト（例：レストランへ入店→注文→食事→会計→退店）や「医者に行く」
スクリプト（例：病気を発見→病院を探す→予約→来院→受付→診察→支払）
などをもっている。また，子どもたちも日常生活に即したスクリプトを形成・
使用している。例えば，3歳児でも「幼稚園服を着る」スクリプト（例：シャ
ツ・パンツを身につける→ブレザー・ズボン・靴下を身につける→鞄を持つ）

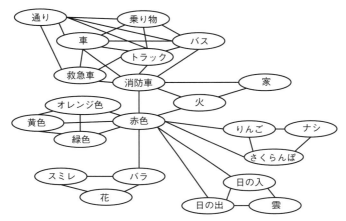

図7-4　ネットワーク構造の例（Collins & Loftus, 1975をもとに作成）

をもち，小学校入学前には状況に合わせてそのスクリプトを柔軟に利用できるようになる（柳岡, 2016）。

　子どもたちは新しい情報を学ぶ際，自分の既にもっているネットワークやスクリプトを活用したり，新たなネットワークやスクリプトを形成することによって，新しい情報を自分自身のものとして獲得しているのである。

3. 児童期の思考の発達

　ピアジェ理論（第1章・第5章を参照）によれば，小学校の低学年〜中学年にかけて前操作的思考段階から具体的操作段階に移行し，高学年では形式的操作段階の入り口に差し掛かる。この幼児期〜児童期にかけての思考の発達には，2つの側面がある。1つは，「一元的な思考から多元的な思考への発達」という側面である。子どもたちは，自分の視点や物事の1つの側面だけに基づいて考えてしまいがちな段階から，他者の視点や物事の多様な側面を考慮して思考できる段階へと進んでいく。もう1つは，「具体的な思考から抽象的な思考への発達」という側面である。子どもたちは，目の前の具体的な事柄について論理的に考えることが可能になり，そして徐々に，具体的な事柄や「今，ここ」を離れて思考することが可能になっていく。

　では，このような思考の発達はどうして生じるのであろうか。ピアジェ理論の後の研究展開の1つとして，成人の情報処理理論に基づく認知発達へのアプローチがある。情報処理理論は，ヒトの認知を「外部から入力された情報が，どのように保持され，処理されるか」といった情報処理にかかわる過程や能力などの観点から捉える考え方である。以下では，この情報処理理論の立場から，児童期の認知発達について説明していく。

■ [1] 思考するための情報処理能力の向上

　ケイス（Case, 1978）は，ピアジェ理論における発達段階の考え方を継承しつつ，認知発達を情報処理的な観点から説明した。例えば，液量の保存課題（第5章を参照）を解決するためには，「容器Aと容器Bの液量が等しいという事実を保持する（1単位）」，「水は容器Aから容器Bに移し替えられただけであることを思い出す（1単位）」，そして「それらの情報に基づいて結論を出す（1単位）」といった3単位の情報処理が必要になる。子どもが情報を処理できる量（情報処理量）について，ケイスは3～4歳頃で1単位，5～6歳頃で2単位，7～8歳頃で3単位と想定し，児童期以降でないと液量の保存課題に通過できないとした。このようにケイスは，認知発達がワーキングメモリのような情報処理の能力の変化によって生じると考えていた。

　また，子どもたちの情報処理能力は，自分の経験に縛られず，論理的思考をすることにもかかわる。例えば，中道（Nakamichi, 2011）は幼児～中学2年生を対象に，経験的な前提情報（例：公園に行くなら，靴を履く）や経験に反する前提情報（例：公園に行くなら，靴を脱ぐ）に基づいて論理的に思考する課題（if-then形式の前提とそれと関連する下位前提に基づいて結論を導く課題）を実施した。課題には，与えられた情報のみで結論を導ける問題（結論確定問題：例＝前提情報「公園に行くなら，靴を脱ぐ」と下位前提「A君は公園にいる」から，結論「A君は靴を脱いでいる」を導く）と，関連する新たな情報を自ら考える必要のある問題（結論不定問題：例＝前提情報「公園に行くなら，靴を脱ぐ」と下位前提「A君は靴を脱いでいる」に基づいて，結論「A君は家にいる可能性もあるため，公園にいるかはわからない」を導く）があった。その結果（図7-5），幼児や小学3年生は経験に反する情報に基づい

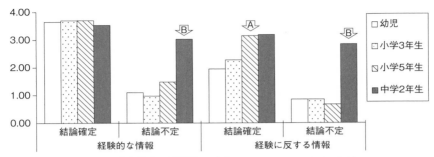

図7-5　各年齢群の課題遂行の変化（Nakamichi, 2011をもとに作成）

て考えることに困難さをもっていた。小学5年生は結論確定問題であれば経験に反する情報に基づいて思考でき（図7-5の矢印A），中学2年生では結論不定問題でも適切に思考できた（図7-5の矢印B）。さらに，これらの課題の遂行は，ワーキングメモリや抑制制御といった実行機能（第5章を参照）の能力によって規定されており，子どもたちの情報処理能力の向上にともない，論理的に考えることが可能になっていくのである。

■ [2] 問題解決のための方略の変化

　シーグラー（Siegler, 1996, 1999）は，認知発達を「その領域でのより効果的な**方略**が形成・使用される過程」とみなし，重複波理論を提唱している。例えば，ある年齢の子どもは問題解決のための複数の方略（図7-6の方略1〜3）をもち，それらの方略のいずれかを用いて問題を解決しようとする。そして，年齢発達や経験にともなって，子どもが用いる方略の頻度が変化したり，新しい方略を形成・使用するようになる（図7-6の方略4〜5）ため，問題解決の遂行が変化するといった考え方である。

　この図7-6は理論のイメージ図だが，実際にシーグラーは文章理解や計算などのさまざまな領域に関して，方略の発達的変化を明らかにしている。例えばシーグラー（Siegler, 1987）は，幼児〜小学2年生に対して加算問題を実施し，彼らが用いる方略について検討した。表7-2は，子どもたちが問題解決に用いた方略の内容や，それぞれの方略が使用された割合を示している。表7-2が示すように，年齢発達にともなって，検索方略や分解方略は増加し，カウ

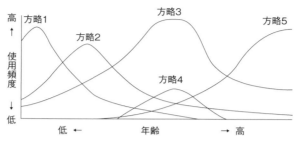

図 7-6　方略の重複波モデル（Siegler, 1999をもとに作成）

表 7-2　年齢群別の各方略の使用割合（%）（Siegler, 1987をもとに作成）

		幼児	小 1	小 2	全体
検索	長期記憶に保存されている 過去に行った計算の結果を引き出す方法	16	44	45	35
最小	計算対象のうちの大きい数を最初に選び， それに小さい数を加える方法 （例：3 + 6 の場合，最初に 6 を選び，それに 3 を足す）	30	38	40	36
分解	計算しやすいように数を分割する方法 （例：12 + 2 の場合に「12は10と 2」→「2 と 2 で 4」 →「10と 4 で14」と計算）	2	9	11	7
カウント ・オール	全体を数える方法（例：「リンゴ 5 個とミカン 2 個， 全部でいくつ？」に対して，全部数える）	22	1	0	8
推測・ 無反応	明確にわからないまま答えを言うようなこと	30	8	5	14

ント・オールや推測といった方略は減少していく。このように，見かけ上は同じような回答でも，その問題の解決のための方略は発達的に変化している。

■ [3] メタ認知の発達

　メタ認知とは「自分の認知活動に対する認知」のことで，文章理解，数学的な問題解決，科学的な思考といった，児童期での学業活動とも直接的に関連する働きである（三宮, 2008）。

　このメタ認知は，メタ認知的知識とメタ認知的活動の 2 つの側面をもつ。メタ認知的知識は，自分の認知や記憶についての知識（例：自分はひらがなを読めるが，漢字を読めない）や，直面している問題の性質や効果的に実行するた

めの方略（例：歴史の年号は丸暗記より語呂合わせのほうが覚えやすい）についての知識のことである。例えば，物事を覚えるための方略に関して，子どもたちは0〜5歳頃には「名前を付ける」「指さしする」「注意を向ける」などの初歩的な方略を学び始め，その後，「リハーサル」「体制化」などの方略を獲得し，それを記憶する時に使える段階（5〜10歳）を経て，10歳以降には多くの方略をより効率的に使えるようになる（Siegler & Alibali, 2005）。

　また，メタ認知的活動は，自分の認知活動がうまくいっているかを確認し（モニタリング），不備が生じている場合には自分の認知活動を修正・調整する（コントロール）ような働きのことである。例えば，「複数の絵を示され，自分が覚えられる枚数を予測し，その後に実際に絵を覚える」といった課題を初めて行った場合，子どもたちが覚えられると予測した枚数は実際に覚えた枚数より多く，その差は小学3年生（1.04枚）より，幼児（4.19枚）や小学1年生（3.83枚）で大きい（Shin et al., 2007）。さらに，この課題を何度か行うと，小学3年生は予測を修正して実際の枚数との差がほぼなくなるが，幼児や小学1年生は実際に覚えられる枚数よりも多くの枚数を変わらず予測し続ける。このように，幼児期や児童期前期では自分の認知に対するモニタリングやコントロールが難しいが，児童期を通して，モニタリングやコントロールが徐々にできるようになっていく。

4. 児童期の認知発達と学業的適応

[1] 児童の記憶・思考と学業達成

　児童の認知能力の発達は，小学校での学業達成にも深くかかわる。2000年以降，最も注目されてきた認知能力の1つはワーキングメモリである。例えば，WM容量の小ささは小学校での学業的な困難さと関連する（Gathercole & Alloway, 2008）。図7-7は，国語（英語）と算数の成績の上位群・平均群・下位群別の短期記憶課題・ワーキングメモリ課題の遂行を示している。縦軸は，対象児童の課題遂行の平均値を100とした場合の値である。国語や算数の成績下位群でも，短期記憶課題の遂行は平均群と同程度である。しかしながら，成績下位群のワーキングメモリ課題の遂行は平均群より大きく下回る（図7-7・矢

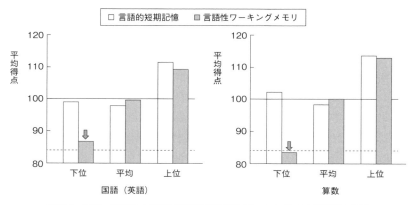

図7-7　国語・算数の成績別の短期記憶課題とワーキングメモリ課題の成績
(Gathercole & Alloway, 2008)

印)。このように，単純な短期記憶能力ではなく，情報を記憶しながら処理する といったワーキングメモリが，児童期の子どもたちの学業活動を支えている。

　また，前述のような児童期の子どもたちの論理的思考は，ワーキングメモリ とともに，学業活動を支えているようである（Handley et al., 2004；中道, 2011）。例えば，小学3〜5年生において，自分の経験に反する情報に基づい て論理的に思考できる能力は，学校の教師による「読む能力」「数学的な考え 方」「科学的な思考」などの学業成績の評価を予測する（中道, 2011）。

■ [2] 学業達成にかかわる発達的なターニング・ポイント

　小学校での学業達成における発達的な問題として，「**9歳の壁**」という用語 がある。元々，聾教育において，聴覚障害児が小学校中学年（9，10歳）のさ まざまな教科学習に困難さを示す現象を「9歳の峠」と呼んでいた。その後， 通常の小学校に通う子どもたちにも類似の現象が見られることが指摘された。 例えば，「ある学年の児童の学習理解度が，1学年下の児童の平均的な理解度 を下回っている」（学習が1年遅滞した状態）といった学業不振児は，2年生 で3.9%，3年生で4.1%，4年生で9.5%，5年生で9.5%，6年生で12.0%であ り，9・10歳の小学校中学年頃に急増する（天野・黒須, 1992）。このため，聾 教育に限らず，一般の教育の中でも「9歳の壁」という表現が使用されるよう

になった。

　この9歳の壁の原因の1つには，小学3年生頃から，それぞれの教科内容が
具体的で日常的な内容から，徐々に抽象的で科学的な内容に変化することが考
えられている。例えば，分数は「分母」「分子」といった2つの数で1つの量
を表現する概念で，日常生活で使用する10進法での数概念とは大きく異なる。
小学校高学年やその後の中学校において学業的に適応するためにも，子どもた
ちはこの時期の学習内容をうまく理解していくことが必要となる。

■ [3] 児童期における学業達成の連続性

　子どもたちの学業的な困難さは，突然生じるわけではない。例えば，欧米の
研究結果をまとめた分析（Hattie, 2009）は，ある時点の学業達成はその時点
より前の学業達成によって予測されること（マタイ効果）を示している。この
学業達成における累積的な影響は，日本でも同様に見られる。例えば，幼児期
の実行機能は小学1年生時点の学業達成を予測する（第5章を参照）。しかし，
幼児期の実行機能は，小学2～4年生時点の学業達成を直接的に予測せず，2
～4年生の学業達成はそれぞれ前年の学業達成によって予測される（Naka-
michi et al., 2021）。

　また，小学校以外の環境要因が子どもの学業達成に及ぼす影響は，子どもの
発達時期により異なる。例えば，子どもの学業達成を2年間追跡し，家庭の世

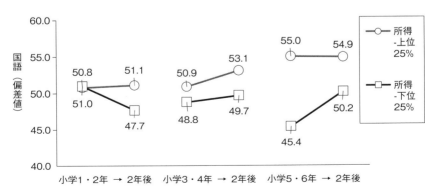

図7-8　家庭の世帯所得と子どもの学業達成（国語）の変動
（赤林ら，2016をもとに作成）

帯所得による学業達成の違い（図7-8）を見ると，小学校の1・2年時点では所得による学業達成の差はないが，中学年以降では高所得家庭より低所得家庭の子どもたちの学業達成が低い（赤林ら，2016）。これらを踏まえると，小学校1・2年の時期に子どもたちの学習内容の修得を支えることは，その時期だけでなく，後の学業的な適応を支えるという長期的な意味をもつのである。

ワーキングメモリ（作動記憶）：短期記憶を発展させた概念で，「必要な情報を一時的に保持しながら，何らかの認知的活動を行う」ための記憶システムである。ワーキングメモリは「音韻ループ」，「視・空間的スケッチパッド」，そして「中央実行系」の3つの下位システムで構成されている。

長期記憶：大別すると，「宣言的記憶（意図的に言語化できる記憶）」と「手続き的記憶（技能の実行にかかわる記憶）」の2種類がある。宣言的記憶には，意味記憶（一般的な事実や概念に関する記憶）とエピソード記憶（時間や場所が特定される個人的な出来事や事象に関する記憶）が含まれる。

9歳の壁：小学校の中学年（9，10歳）頃に，さまざまな教科学習において困難さを示す子どもたちが増加する現象を指す。

メタ認知：「自分の認知活動に対する認知」のことで，メタ認知的知識とメタ認知的活動を含む。メタ認知的知識は，自分の認知や記憶についての知識や，直面している問題の性質や効果的に実行するための方略についての知識のことである。また，メタ認知的活動は，自分の認知活動のモニタリングし，コントロールする働きのことである。

■ 引用文献

赤林英夫・直井道生・敷島千鶴（編）(2016).　学力・心理・家庭環境の経済分析：全国小中学生の追跡調査から見えてきたもの　有斐閣
天野　清・黒須俊夫 (1992).　小学生の国語・算数の学力　秋山書店
Atkinson, R. C., & Shiffrin, R. M. (1971). The control of short-memory. *Scientific American, 225,* 82-90.
Baddeley, A. D. (1986). *Working memory.* New York : Oxford University Press.
Case, R. (1978). Piaget and beyond : Toward a developmentally based theory and technology of instruction. In R. Glaser (Ed.), *Advances in instructional psychology,* Vol. 1 (pp. 167-228). Hillsdale, NJ : Lawrence Erlbaum Associates.
Collins, A. M., & Loftus, E. F. (1975). A spreading-activation theory of semantic processing. *Psychological Review, 82,* 407-428.
Gathercole, S. E., & Alloway, T. P. (2008). *Working memory and learning : A practical guide for teachers.* London : Sage Publications. (湯澤正通・湯澤美紀（訳）(2009).　ワーキングメモリと学習指導：教師のための実践ガイド　北大路書房）
Handley, S. J., Capon, A., Beveridge, M., Dennis, I., & Evans, J. St. B. T. (2004). Working memory, inhibitory control and the development of children's reasoning. *Thinking and Reasoning, 10,* 175-195.

Hare, T. A., Tottenham, N., Galvan, A., Voss, H. U., Glover, G. H., & Casey, B. J. (2008). Biological substrates of emotional reactivity and regulation in adolescence during an emotional go-nogo task. *Biological Psychiatry, 63*, 927-934.

Hattie, J. (2009). *Visible learning : A synthesis of over 800 meta-analyses relating to achievement.* London : Routledge. (山森光陽 (監訳) (2018). 教育の効果：メタ分析による学力に影響を与える要因の効果の可視化 図書文化社)

Jensen, F. E., & Nutt, A. E. (2015). *The teenage brain : A neuroscientist's survival guide to raising adolescents and young adults.* New York : HaperCollins Publishers. (野中香方子 (訳) (2015). 10代の脳：反抗期と思春期の子どもにどう対処するか 文藝春秋)

宮丸凱史 (1998). 運動能力の発達バランス 体育の科学, *48*, 699-705.

文部科学省 (2020). 令和元年度 学校保健統計調査 文部科学省

永江誠司 (2004). 脳と発達の心理学：脳を育み心を育てる ブレーン出版

中道圭人 (2009). 幼児の演繹推論とその発達的変化 風間書房

中道圭人 (2011). 児童における演繹推論と学業成績の関連 常葉学園大学研究紀要 (教育学部), *31*, 47-62.

Nakamichi, K. (2011). Age differences in the relationship among conditional inference, working memory and prepotent response inhibition. *Psychologia, 54*, 52-66.

Nakamichi, N., Nakamichi, K., & Nakazawa, J. (2021). *Examining the indirect effects of kindergarteners' executive functions on their academic achievement as middle graders.* Manuscript submitted for publication.

大川一郎・中村淳子・野原理恵・芹澤奈菜美・戸田晋太郎 (2008). 記憶スパンに関する生涯発達的研究：数唱課題を通して 日本発達心理学会第19回大会発表論文集, 689.

苧阪直行 (編) (2000). 脳とワーキングメモリ 京都大学学術出版会

三宮真智子 (編) (2008). メタ認知：学習力を支える高次認知機能 北大路書房

Shin, H., Bjorklund, D. F., & Beck, E. F. (2007). The adaptive nature of children's overestimation in a strategic memory task. *Cognitive Development, 22*, 197-212.

Siegler, R. S. (1987). The perils of averaging data over strategies : An example from children's addition. *Journal of Experimental Psychology : General, 116*, 250-264.

Siegler, R. S. (1996). *Emerging minds : The process of change in children's thinking.* New York : Oxford University Press.

Siegler, R. S. (1999). Strategic development. *Trends in Cognitive Sciences, 3*, 430-435.

Siegler, R. S., & Alibali, M. W. (2005). *Children's thinking* (4th ed.). Upper Saddle River, NJ : Pearson Prentice Hall.

スポーツ庁 (2020). 令和元年度 体力・運動能力調査報告書 スポーツ庁

Tulving, E. (1983). *Elements of episodic memory.* New York : Oxford University Press. (太田信夫 (訳) (1985). タルヴィングの記憶理論：エピソード記憶の要素 教育出版)

柳岡開地 (2016). 場面変更に伴うスクリプトの柔軟な利用の発達的変化：実行機能の影響の検討 教育心理学研究, *64*, 395-406.

コラム7　学習障害

　学習障害（LD）とは，全体的な知的発達に遅れはないものの，特定の学習領域における習得と使用に難しさを抱え，かつその原因として中枢神経系の機能障害を有する状態である。ただし，下記図の通り，名称や分類を含めたその扱いについては，医学 − 教育間で隔たりがある。DSM-5で設定されている細かな3つの障害（読み・書き・算数）と比べれば，日本の教育上の LD は幅が広い。このため，教育分野における LD（Learning Disabilities）と医療分野における SLD（Specific Learning Disorders）とは重なり合う部分は確かにあるものの，教育の分野で支援の対象として認定された子どもが，医療で疾患の対象として認定されない事態は実際に起きている。下記図の文部科学省による定義は，1999（平成11）年7月の報告「学習障害児に対する指導について」から変わっておらず，国際的な基準との整合性を期待する声も多い。

図　(S) LD をめぐる定義・内容の違い

　ただし，文科省による幅の広い教育行政上の定義については，必ずしも悪いことだけではない。例えば，学習障害児の対応を，「医療の疾患ベース」で行う場合，②予約 − 受診を経て，③細かい心理アセスメントを含めた検査を行い，④医師・心理士からの報告・助言を受ける，ことによって学校での支援がスタートする，かもしれない。かもしれないと表現したのは，医師や心理士からの助言は，検査結果のレポートや保護者を介して行われることも多く，学校現場にまで十分伝わらないことも多いからである。加えて，先の順番には①が抜けている。①には何が入るだろうか。以下の3つから選んでもらいたい。

A：子どもが保護者や先生に自分の抱えている問題について訴える

B：保護者や先生が子どもの困っている姿に気づく

C：子どもが離席や飛び出し，他児へのちょっかいなど，「気になる行動」を行うことが多く，困った保護者・教員が誰かに相談する。

　できれば A，そうでなければ B を期待したいが，「○○はできないけど，ほかは問題ないし…」という特徴をもつ学習障害において，困り感の認識は自他ともに曖昧で，現実的には C も多い。結果的に障害の存在に気づくことが遅れ，子どもによっては，①の段階で既に小学校に入学してから2〜4年を経過している場合もある。さすがにこれでは子ども

	Aくん	Bくん
タイプ	得意↔苦手　VCI　PRI　WMI　PSI 言語理解　知覚推理　ワーキングメモリ　処理速度	得意↔苦手　VCI　PRI　WMI　PSI 言語理解　知覚推理　ワーキングメモリ　処理速度
実態(例)	・耳で聴いて言葉で考えることが苦手。多くのことを覚えることができない ・言葉を使わない視覚的な絵や図の理解は得意	・人から聞いた話などを機械的に覚えることは得意 ・考えてもらおうと促すと，逆に混乱する。複雑で深い思考は苦手
基本的な指導方針	・できる限り視覚的な手がかりを添えてあげる ・あまり多く教師から言葉の指示を出さない	・覚えてもらいたい内容はシンプルに提示する ・手続きや知識がしっかり入った後で，意味や関係性を教える
例)計算	計数の対象となる具体物などを視覚的に提示し，考えさせる	計算の手続き（順番）を先に教える。具体物は混乱するので出さない
例)漢字	漢字パズルや象形文字を用いて，まずは全体を理解してもらう	一筆または部首ごとに分けて，書き順を意識させる（言葉で唱えさせるなどする）

図　LD児に想定される個人内差と個々に合わせた支援の例（真鍋, 2018）

が既に勉強嫌いになってしまっている。診断を受けなければ支援が開始されない。そうした「医療の疾患ベース」の対応の問題点を乗り越えるためにも，「学校教育ベース」で授業の姿や各教科の習得状況をきっかけに学びの難しさを発見－支援することができる体制が整えば，より多くの子どもたちが早期に救われる。この点で，医療上の定義や内容と文部科学省によるそれとをそろえすぎなくてもよいとする意見もある。

　もちろん，学習障害のある子どもには認知面での細かい個人内差（ディスクレパンシー），いわゆる発達凸凹が想定されており（上記図参照），個に合わせた支援に向けては，明確な診断と的確な心理アセスメントの実施が不可欠であるとする立場もある。ただ，専門医の存在から検査用具の有無に至るまで，先進国といっても地域資源の格差があるわが国で学習障害のある子どもへの支援を考えていく上では，両立場からの体制整備をバランスよく行うことも考えなくてはならない。この点で，後者の教育・学校ベースの対応はその検討が始まったばかりであり，通常学級カリキュラムにおける習得状況を把握するための枠組みや方法論，ツールの検討（例えば干川, 2019）などに，期待が高まっている。

引用文献

干川　隆（2019）．学習の進歩状況モニタリング尺度としての算数のカリキュラムに基づく尺度（CBM）の開発の試み　熊本大学教育学部紀要．*68*, 69-77.
真鍋　健（2018）．発達障害とは　小山義徳（編著）基礎からまなぶ教育心理学（p. 206）サイエンス社

児童期 Ⅱ

8

◎ **本章のポイント**
　本章では，学校生活や仲間集団への適応と関連する児童期の発達的特徴について，
以下の点を理解していく。
・児童が学校生活へ適応するための能力や自己意識の性質を理解する。
・ギャンググループの特性や子どもの発達に与える影響を理解する。
・学校生活や仲間集団の維持に欠かせない道徳性や共感性の発達を理解する。
・児童期の発達的特徴を踏まえて，いじめや不登校といった発達上の問題を理解する。
　そして，教育職・心理職ができる児童への支援について考える。

1. 児童期の社会化

[1] 学校適応

　ほとんどの子どもは，幼稚園や保育所を卒園して小学校へ入学する。このような人生の出来事や移動によって，暮らし慣れた環境から異なる環境に入ることを**環境移行**という（山本・ワップナー, 1991）。小学校では授業が始まり，子どもは時間割に沿って規則正しく生活する。そのため，小学校では幼稚園や保育所と異なり学業成績や集団的規律がより重視される。小学校へ入学した子どもは，この新しい環境に適応することが求められる。

　盛・尾崎（2008）は，幼稚園卒園から小学校入学後の学校適応について教師評定を用いた縦断研究を行った（図8-1）。基本的生活習慣（身の回りの整理整頓ができ，忘れ物をしないなど），自己コントロール（嫌なことがあっても我慢して対処するなど），仲間強化（仲間に好意的な言葉をかけるなど）が高い子どもは，概ね小学校入学後の学校適応が高い傾向にある。すなわち，小学校の学校適応を促す要因には，自分の身の回りのことは自分で行うこと，仲間や集団と上手にかかわることなどが考えられる。

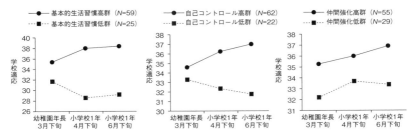

図 8-1　学校適応の変化 （盛・尾崎, 2008）

■ [2]　自己意識

　自己意識の発達は，自己についての幅広い理解や評価で構成される自己概念（第 6 章参照），自分なりにやっていけるという有能感，自分を価値あるものとして感じる**自尊感情**（self-esteem）など，さまざまな用語から議論されている。本章では，自己概念に含まれる要素として有能感や自尊感情を便宜的に位置づける（図 8−2）。以下では，他者との比較や規範の遵守などによって揺れ動く，児童期の自己概念，有能感，自尊感情の特徴を見ていく。

(1)　自己概念

　児童期の自己概念は，他者との比較を通して形成される。例えば，デーモンとハート（Damon & Hart, 1988）は，4 歳から14歳までの子どもを対象に，

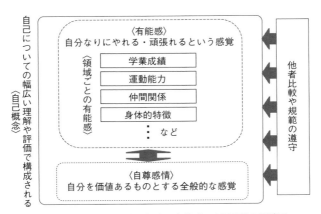

図 8-2　本章における自己概念・有能感・自己意識の関連図

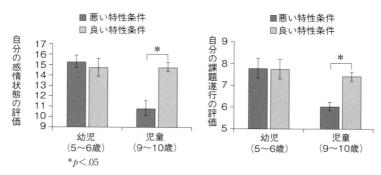

図8-3　他者比較後の自己評価（Lapan & Boseovski, 2017）

3年間にわたる自己概念の変化を検討した。その結果，児童期前期までは自分
の特徴などから自己を理解し（第6章参照），児童期中・後期では他者や規範
との比較（人より頭が良い，先生に怒られるなど）から自己を理解していた。

　また，ラパンとボゼオフスキー（Lapan & Boseovski, 2017）は，幼児（5〜
6歳）と児童（9〜10歳）を対象に，他者と比較した後の自己評価を実験で調
べた。まず，子どもに推論課題を実施して全員に同じ成績(星9個)を返した。
そして，より高い成績（星11個）をとった子どもの情報を伝えた後，自己評価
（感情状態，課題遂行など）を尋ねた。伝えた子どもの情報は，良い特性（賢
いなど），悪い特性（賢くないなど）の条件に分けられた。その結果，幼児は
条件に関係なく自己評価が高かったが，児童は悪い特性条件（つまり，自分の
成績が賢くない子どもより悪い条件）で自己評価が低くなった（図8-3）。

(2) 有 能 感

　エリクソン（Erikson, E. H.）の自我発達理論（第1章参照）によると，児童
期は勤勉性 対 劣等感の葛藤が生じる。ここで述べる勤勉（industry）とは，不
断の努力と根気強い忍耐力で「仕事を完成させる」喜びを身につけることである
（Erikson, 1959）。そして，この自我の葛藤を乗り越えた時，劣等感に傷つくこ
となく自分なりにやっていけるという**有能感**（competence）が得られる。学
校生活において，勤勉の対象は勉強であることが多いが，遊びや運動，習い事
になることもある。勉強に劣等感を抱く子どもがいた場合，大人は勉強の支援
をするとともに，その子ができるほかのことを認めて伸ばすことも大切である。

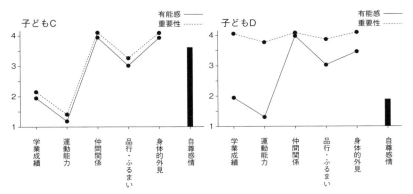

図 8-4　各領域の有能感と自尊感情のプロフィール図 (Harter, 1993)

　ハーター（Hater, 1993）は，有能感を学業成績，運動能力，仲間関係，品行・ふるまい，身体的魅力の5領域に分けて，各領域の有能感と自尊感情の関係を検討した。図8-4は，各領域の有能感がほぼ同じなのに自尊感情が異なる2名の子どものプロフィール図である。自尊感情の高さが異なる理由は，各領域を重要と思うか否かである。自尊感情の高い子どもCは，有能感と重要性が一致している。しかし，自尊感情の低い子どもDは，重要とする領域で有能感を低く評価しており，それにともなって自尊感情も低くなっている。つまり，自分が価値をおく領域での達成が，全般的な自尊感情を高める可能性がある。

(3) 自尊感情

　自尊感情の発達的変化を見ると，幼児期までの高い自尊感情は児童期から青年期にかけて低下する（図8-5）。この理由は，児童期に入ると客観的に自己を内省する認知能力が発達することや，自分と他者を比較することなどが考えられる。教育現場では，自尊感情を高めることが子どもによい結果をもたらすという考えが広く共有されている。一方で，自尊感情が高い子どもは，優越感を得るために仲間を低く評価して傷つけるという批判も多い。

　このような議論の中で，ブランメルマンとセディキデス（Brummelman & Sedikides, 2020）は，過大な自己価値の感覚（自己愛）でありネガティブな性質をもつ**ナルシシズム**と，自尊感情のポジティブな性質を区別して，それらを

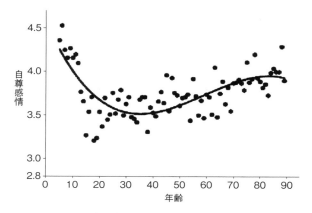

図 8-5　自尊感情の発達的変化（Harris et al., 2018）
注）5歳から93歳を対象にした横断研究のデータ（$N=2{,}714$）。

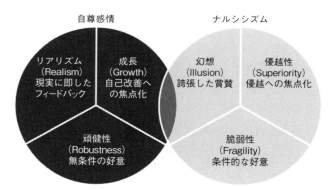

図 8-6　自尊感情およびナルシシズムの性質とそれらを育む社会化経験
（Brummelman & Sedikides, 2020）
注）自尊感情とナルシシズムの円の重なりは，弱い正の相関を表している。

育む大人のかかわり（社会化経験）を示した（図8-6）。ナルシシズムの性質
は，幻想（非現実的に自己を高く評価する），優越性（他児より優位になるこ
とを求める），脆弱性（成功すると傲慢になり失敗すると恥や怒りを感じる）
である。7〜11歳の子どもと両親を対象にした縦断研究では，親が誇張した賞
賛（「信じられないほどすごい」など）をするほど，子どものナルシシズムが

高くなった（Brummelman et al., 2017）。一方で，自尊感情の性質は，リアリズム（現実的かつ前向きに自己を評価する），成長（自己の向上・改善に努める），頑健性（失敗しても本質的な自己価値が揺るがない）である。この自尊感情を育むために，大人は現実に即したフィードバック（具体的に何ができた／できていないか）を子どもに行い，子どもの正確な自己理解を支えることが必要となる。そして，子どもが成功した時はその努力の過程をほめ，失敗した時は改善点を振り返って，自己成長に目を向けさせる。もし子どもが悪さをした場合，大人は子どもの行動を注意しつつ，子どもに失望することなく無条件の好意をもって受容することが大切である。

■ [3] 児童期の仲間関係

　児童期の子どもは特定の仲間と小集団（3〜8名程度）を形成して遊び，児童期中期（9，10歳以降）になると集団の規範や慣習が形成され，力関係による役割分化が生じる。また，集団の凝集性が強くなることで，仲間と同じ行動をして一体感を感じたり，集団間で競争して高い地位を得ようとしたり，時に親や教師へ反抗したりする。この時期を**ギャングエイジ**と呼び，この時期に見られる仲間集団を**ギャンググループ**と呼ぶ（小林, 1968）。この時期の子どもは，リーダー（またはボス）といった権威者がいる集団の中で，家庭で身につけたこれまでの価値観や態度を修正して，上手に生き抜くための能力を得ていく（Sullivan, 1953）。すなわち，子どもはギャンググループの中で規範意識や責任感，仲間と協力してかかわる能力などを育むのである。

　小林（1968）は，ギャンググループの遊びを，社会的に承認された遊び（運動遊び，テレビや映画の模倣遊び，探検など），社会的に承認されない遊び（いたずら，飲酒や喫煙，授業妨害など）に分類している。例えば，休み時間や放課後に集団で行うスポーツは社会的に承認された遊びである。子どもは自発的に競技のルールやチーム内の役割を決め，時にはケンカもしながら，ゲームに勝った喜びや負けた悔しさを仲間と共有して絆を深める。これに対して，授業妨害は社会的に承認されない遊びである。例えば，「授業がつまらない」と思う子どもが授業中にふざける。それを見た仲間は「おもしろい」と感じて，その行為をほめ合ったりする。ギャンググループでは社会的に承認されない行為

も，仲間からの承認を得て強化され，仲間との一体感を強めることがある。

■ [4] 道徳性の発達

(1) 他律の道徳から自律の道徳へ

　道徳とは，人が他者に対して公平であり，正しい行動や間違った行動が何であるかを示す規範である。ピアジェ（Piaget, J.）の研究において，子どもの道徳は大人や年上の仲間を介して世代間伝達されるものであり，子どもが大人や仲間を尊敬することで成立すると考えられている（Piaget, 1930）。

　例えば，ピアジェは4歳から13歳までの子どもを対象に，マーブル・ゲーム（時代や地域によって遊び方が異なる，おはじきのような遊び）の遊び方を尋ね，実際に遊んでいる様子を観察した。さらに，「子ども自身が考えた誰も知らない遊びの規則を教えてほしい」，「その規則で仲間とうまく遊べるか，仲間はゲームをしたいと思うか」などの質問をした。その結果，大人から伝えられた規則は神聖で変えられないという意識から，規則は仲間の同意によって変えられるという意識へと発達的に変化することを示した。

　また，ピアジェは「過失」「盗み」「虚言」をテーマに，行動の動機と結果が異なる対の話を見た子どもの回答から，道徳判断の認知発達を検討した。例えば，表8-1は「過失」で使用した話の1つである。10歳までの子どもの回答では，結果による判断（被害大のほうが悪い）と動機による判断（悪意の行動のほうが悪い）の両方のタイプが見られるが，年齢が上がるにつれて動機による判断の回答が多くなった。一般的に，子どもが被害の大きい過失をした場合，大人は子どもを強く叱責をする。ピアジェは，そのような大人の影響により，幼い子どもは被害の大きさで善悪の判断をすると考えた。そして，結果による判断は，大人から伝わった規則を守ろうとする**他律の道徳**とした。これに対して，動機による判断は，相手の意図や思いに気づいて重視する**自律の道徳**とした。他律の道徳から自律の道徳へと発達するために，子どもは脱中心化（第5章参照）をして他人の意図や思いを理解し，自分がしてほしいことを相手にもしたいと思うことが必要である。

表8-1 ピアジェが用いた「過失」の話の一例（Piaget, 1930より一部修正して作成）

A：ジュールという小さな男の子がいました。お父さんが外出したので，お父さんのインク壺で遊ぼうと思いました。はじめはペンで遊んでいましたが，そのうちにテーブルかけに小さくインクをこぼしてよごしました。（悪意の行動，被害小）
　B：オーギュストという小さな男の子がお父さんのインクツボが空になっているのをみつけました。ある日お父さんが外出した時，そのインク壺にインクを入れてお父さんが帰って来た時喜ばせようと思いました。しかしインク壺を開けてインクを入れようとした時，テーブルかけに大きくインクをこぼしてよごしました。（善意の行動，被害大）
　質問：「どちらの子どもがより悪いか？」「その理由は？」

(2) 道徳判断の発達段階

　ピアジェの影響を受けたコールバーグ（Kohlberg, L.）は，モラルジレンマ課題（表8-2）を用いて道徳判断の認知発達を検討した。そして，コールバーグはモラルジレンマ課題に対する回答の理由づけに着目して，道徳判断の発達段階を示した（表8-3）。

　道徳判断は，大別すると3つの水準に分かれる。1つ目の**前慣習的水準**（第1段階，第2段階）では，行動によって生じる具体的な罰や報酬から道徳判断を行う。前慣習的水準は，主に小学生で見られるが，大人でもこの水準を使い続けることがある。2つ目の**慣習的水準**（第3段階，第4段階）では，社会の一員としての視点をもち，他者や集団の期待や秩序を守るという観点から道徳判断を行う。慣習的水準は青年期前期から見られ，多くの大人はこの水準に位置する。3つ目の**脱慣習的水準**（第5段階，第6段階）では，社会や文化を超えた普遍的な道徳の価値や原理に基づき，時には自分が所属する社会の規範や法律を越えて道徳判断を行う。脱慣習的水準に達する人は少数とされている。

　コールバーグは，仲間や教師との対話の中で，道徳的葛藤や他者視点に立って考える経験をして道徳判断が発達するとした（Kohlberg, 1971）。コールバーグの理論は，西欧文化を反映していて普遍的な道徳的価値とするには疑念があること，第6段階に達する人が少ないことなどから批判も受けているが，今日までの道徳教育の実践に大きな貢献を果たしている。

表8-2　モラルジレンマ課題の一例（Kohlberg & Elfenbein, 1975より作成）

ハインツのジレンマ：ハインツは癌で死にそうな妻のために，薬屋から病気を治す薬を買おうとする。しかし，その薬屋は薬を作るのにかかる費用の10倍の値段（2000ドル）をハインツに請求した。ハインツは知人達にお金を借りたが，費用の半分（1000ドル）しかお金を集められなかった。ハインツは薬屋に事情を伝えて，安く売ってもらうか，後払いをお願いしたが，薬屋は「この薬で金儲けをするつもりだから」といって薬を渡さなかった。そして，思いつめたハインツは妻のために薬屋から薬を盗みました。
質問：ハインツはその薬を盗むべきでしたか？　それはなぜですか？

表8-3　道徳判断の発達段階（Kohlberg & Elfenbein, 1975より作成）

● 前慣習的水準：行動によって生じる具体的な罰や報酬から判断する。
　第1段階　罰と服従志向：自分が罰を受けないかどうかで判断する。
　第2段階　道具的な相対主義志向：自分や他者にとっての損得で判断する。

● 慣習的水準：他者や集団の期待や秩序から判断する。
　第3段階　対人的同調または良い子志向：多くの人に認められ，良いと思われるかで判断する。
　第4段階　法と秩序志向：社会の規則や秩序を守ることから判断する。

● 脱慣習的水準：普遍的な道徳的価値や原理から判断
　第5段階　社会契約的な法律志向：法律や社会秩序を守ることだけでなく，生命や自由といった個人の権利を尊重して判断する。
　第6段階　普遍的な倫理的原則志向：正義，平等，個人の尊厳などの普遍的な原理があり，倫理的原則に基づいて選んだ良心から判断する。

■ [5] 向社会的行動

　アイゼンバーグ（Eisenberg, N.）は，**向社会的行動**（prosocial behavior）を「他者あるいは他の人々の集団を助けようとしたり，こうした人々のためになることをしようとしたりする自発的な行動」と定義している（Eisenberg & Mussen, 1989）。例えば，援助（困っている人を助けるなど），協力（友だちと一緒に机を運ぶなど），分配（おやつを分けるなど），慰め（泣いている子の頭をなでるなど）などは向社会的行動に含まれる。向社会的行動が生じる要因の1つに，他者の気持ちを理解したり感じたりする**共感性**がある。
　ホフマン（Hoffman, M. L.）は，共感性の発達を4つの段階で説明した（Hoffman, 1987）。第1段階は全体的共感（〜1歳頃）であり，泣く乳児を見て自分も泣き出すという原初的な共感（情動感染）が表れる。この段階の乳児は，自分と他者の苦痛の区別がつかない。第2段階は自己中心的共感（1〜2歳頃）であ

り，他者の苦しみに気づけるが，自分中心の視点でしか他者の状態を理解できない。例えば，泣く子どもを慰める際，自分の好きなおもちゃを渡してしまう。第3段階は他者の感情への共感（2〜3，4歳頃）であり，状況や表情から他者感情が理解でき，他者の要求に合う援助ができる。第4段階は他者の生活状況や人生への共感（〜児童期後期）であり，全般的な生活状況や人生の幸福を想像して，哀れみやいたわりを他者に向ける。

　また，ホフマンは他者の苦しみを見て感じる苦痛を共感的苦痛と同情的苦痛に分けて説明した（Hoffman, 2000）。共感的苦痛は，発達初期から生じる苦痛であり，単に自分の苦痛を取り除くことに動機づけられる。同情的苦痛は，相手の視点に立つ能力（視点取得能力）や道徳性の発達に伴って生じる苦痛である。この同情的苦痛を感じることで，他者の苦しみの解消や道徳性（平等や正義などの良心）に基づく利他的動機が生じて向社会的行動をする。

　しかし，同情的苦痛を感じても，人は必ずしも向社会的行動をするわけではない。たとえば，いじめを受ける仲間を見て同情的苦痛を感じても，集団の圧力により非道徳的行動（規則の逸脱，いじめなど）をすることもある（Ellemers et al., 2019）。実際に向社会的行動をするかどうかは，個人特性，相手との関係性，状況，文化など，複数の要因によって決まる（Eisenberg & Mussen, 1989）。

2. 児童期の発達上の問題

[1] い じ め

　いじめ防止対策推進法（文部科学省, 2013）によると，いじめは学校で一定の人間関係にある子どもが他の子どもに心理的・物理的な影響を与える行為であり，行為対象となった子どもが心身の苦痛を感じているものと定義されている。いじめには，暴力をふるう，悪口を言う，無視をする，物を隠すなど，さまざまな種類がある。いじめの定義は時代によって変化しており，近年ではSNSなどで行われる**ネットいじめ**も含まれている。

　いじめられた被害者は，ストレスの増加，自尊感情の低下，攻撃行動の増加，学業成績の低下，うつ病といった精神疾患など，発達や適応に対してネガティブな影響を受ける（NASEM, 2016）。そのため，学校ではいじめが深刻化する

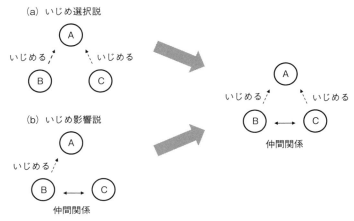

図8-8　いじめと仲間関係の相互作用プロセス（Rambaran et al., 2020）

前に早期発見して，いじめの予防や介入をすることが大切である。

　いじめと仲間関係について8歳から12歳を対象にした縦断研究では，図8-8に示す2つの相互作用プロセスが示された（Rambaran et al., 2020）。1つ目（a）は，同じ人をいじめることで仲良くなるプロセスである。2つ目（b）は，仲間がいじめをすることに影響されて，同じ人をいじめるプロセスである。これらのプロセスが生じる理由は，同じ人をいじめることでいじめの価値・規範を仲間と共有して，仲間内の承認と高い地位を得るためである。実際に，10歳以降ではいじめ発生後に，いじめをした子どもの仲間集団内の地位が高くなった（van der Ploeg et al., 2020）。このいじめのプロセスは，ギャンググループの特徴が望ましくない形で現れた結果だと考えられる。

　これまで発達心理学では，いじめの予防や介入について，子どもの道徳性や共感性の向上，向社会的行動の促進や攻撃行動の抑制などに関心が向けられていた。加えて近年では，いじめの傍観者の役割，仲間集団やクラスのいじめに対する規範意識を考慮した研究などが求められている（Romera et al., 2019）。

■ [2] 不 登 校

　学校を長期的または頻繁に欠席する不登校の子どもは，身体的問題（体力の低下，喘息など），心理的問題（不安の増加，精神疾患など），行動的問題（自

表 8-4　不登校になるリスク要因の例

●子どもの要因
・発達障害（自閉症スペクトラム障害など）や身体障害（盲，聾など）
・精神疾患（不安障害，ゲーム障害など）や慢性疾患（喘息，糖尿病など）
・低い自尊感情，不十分な社会的スキル
・低い学業成績，勉強に対する無気力・無力感
・睡眠不足（学校外の塾や習い事の長時間活動，遊びによる夜更かしなど）
・非行行動（タバコ，薬物の使用など），妊娠

●親や家庭の要因
・親子関係（親との分離不安，問題のある養育態度，虐待など）
・親の価値観（親の学校経験が否定的であり，不登校を許容するなど）
・家族の健康状態（病気または精神疾患など）
・家庭の生活状況（親の夜間勤務，低収入や失業による経済的不安など）
・家庭内での対立や混乱，家庭と学校の対立，学校とのかかわりの低さ

●仲間の要因
・仲間関係でのトラブルやいじめ
・欠席や望ましくない行為に対するクラス集団の圧力
・学校内／学校外にいる非行仲間への接近，非行行動への勧誘

●学校やコミュニティの要因
・子どもと教師の関係（険悪な関係，体罰，差別など）
・貧しい学習環境，不適切で退屈な授業や教育カリキュラム
・多様性に対する不適切な対応；社会的小集団（性的マイノリティなど），文化的な障壁（外国籍児童の文化的価値観や言語の違いなど）
・不登校に対する社会的・教育的支援サービスの欠如

注）Kearney（2008）などをもとに筆者が加筆して作成。

傷行為，暴力行動，危険な性行動）を示しており，成人期以降の心理的健康の低下，仕事の離職や低所得など，長期にわたる心理的・社会的問題のリスクが高まる（Kearney, 2008）。不登校原因のおおまかな傾向として，小学校低学年は親との分離不安や家庭の問題が大きいが，小学校高学年以降は仲間関係や学校生活上の問題が大きくなる（松永，2012）。しかし，実際には表8-4に示すようなリスク要因が複雑に関連し合って子どもは不登校になる（第10章も参照）。

　そのため，不登校児のアセスメントは，学校内の専門家（教師，スクールカウンセラー，スクールソーシャルワーカーなど）が連携して，子どもの特性や行動，発達段階，成育歴，家庭環境，学校環境など，幅広い観点から行う必要がある。そして，不登校児の支援では，学校内だけでは十分に対応できないケースも多いため（不登校児の精神疾患，虐待，非行行動など），病院，児童相談

所，警察などの外部機関との連携も必要である（コラム11参照）。

　自己効力感：バンデューラ（Bandura, 1977）が提唱した，ある状況で必要な行動がうまくできるという確信である。人は自己効力感が高ければ積極的に挑戦し，自己効力感が低ければ状況を回避する。自己効力感は，過去の成功体験，他者遂行の観察による代理経験，「できる」などの言語的説得，気分の高揚などの情動的喚起に影響される。

　社会的スキル：他者との交流を円滑にして，良い関係を築きながら生活するための技能である。社会的スキルは，挨拶などの社会的ルールの実行，自分の意見を適切に表現する能力，感情コントロールなどを含めて扱うことが多い。社会的スキルを向上させる訓練を総称して，社会的スキル訓練（social skills training; SST）と呼ぶ。

■ **引用文献**

Bandura, A. (1977). Self-efficacy: Toward a unifying theory of behavioral change. *Psychological Review, 84,* 191–215.

Brummelman, E., Nelemans, S. A., Thomaes, S., & Orobio de Castro, B. (2017). When parents' praise inflates, children's self-esteem deflates. *Child Development, 88,* 1799–1809.

Brummelman, E., & Sedikides, C. (2020). Raising children with high self-esteem (but not narcissism). *Child Development Perspectives, 14,* 83–89.

Damon, W., & Hart, D. (1988). *Self-understanding in childhood and adolescence.* New York: Cambridge University Press.

Eisenberg, N., & Mussen, P. (1989). *The roots of prosocial behavior in children.* Cambridge: Cambridge University Press.

Ellemers, N., van der Toorn, J., Paunov, Y., & van Leeuwen, T. (2019). The psychology of morality: A review and analysis of Empirical studies published from 1940 through 2017. *Personality and Social Psychology Review, 23,* 332–366.

Erikson, E. H. (1959). *Psychological issues identity and the life cycle.* New York: International Universities Press.

Harris, M. A., Donnellan, M. B., & Trzesniewski, K. H. (2018). The Lifespan Self-Esteem Scale: Initial validation of a new measure of global self-esteem. *Journal of Personality Assessment, 100,* 84–95.

Harter, S. (1993). Causes and consequences of low self-esteem in children and adolescents. In R. F. Baumeister (Ed.), *Self-esteem: The puzzle of low self-regard* (pp. 87–116). New York: Plenum Press.

Hoffman, M. L. (1987). The contribution of empathy to justice and moral judgment. In N. Eisenberg & J. Strayer (Eds.), *Empathy and its development* (pp. 47–80). Cambridge: Cambridge University Press.

Hoffman, M. L. (2000). *Empathy and moral development.* New York: Cambridge University Press.

Kearney, C. A. (2008). An interdisciplinary model of school absenteeism in youth to inform professional practice and public policy. *Educational Psychology Review, 20,* 257–282.

小林さえ（1968）．ギャングエイジ―秘密の社会を作る年頃―　誠信書房

Kohlberg, L. (1971). Stages of moral development as a basis of moral education. In Beck, C & Sullivan, F. (Eds.), *Moral education: Interdisciplinary approaches.* Toronto: University of Toronto Press.

Kohlberg, L., & Elfenbein, D. (1975). The development of moral judgments concerning capital punishment. *American Journal of Orthopsychiatry, 45,* 614–640.

Lapan, C., & Boseovski, J. J.(2017). When peer performance matters : Effects of expertise and traits on children's self-evaluations after social comparison. *Child Development, 88*, 1860–1872.

松永邦裕(2012). 発達段階に応じた不登校の子どもへの支援―子どもの発達における内的・外的環境の力動的関係の視点から― 福岡大学研究部論集 B 社会科学編, *5*, 23–27.

文部科学省(2013). いじめ防止対策推進法(平成25年9月28日) https://www.mext.go.jp/a_menu/shotou/seitoshidou/1406848.htm(2020年11月22日)

盛 真由美・尾崎康子(2008). 幼稚園から小学校への移行における適応過程に関する縦断的研究 富山大学人間発達科学部紀要, *2*, 175–182.

National Academies of Sciences, Engineering, and Medicine(NASEM)(2016). *Preventing bullying through science, policy, and practice*. Washington, DC : The National Academies Press.

Piaget, J.(1930). *Le jugement moral chez l'enfant*. Geneve: Institut J. J. Rousseau.(ピアジェ, J. 大伴 茂(訳)(1957). 臨床児童心理学Ⅲ 児童道徳判断の発達 同文書院)

Rambaran, J. A., Dijkstra, J. K., & Veenstra, R.(2020). Bullying as a group process in childhood : A longitudinal social network analysis. *Child Development, 91*, 1336–1352.

Romera, E. M. Casas, J. A., Gómez-Ortiz, O., & Ortega-Ruiz, R.(2019). Moral domain as a risk and protective factor against bullying. An integrating perspective review on the complexity of morality. *Aggression and Violent Behavior, 45*, 75–82.

Sullivan, H. S.(1953). *The interpersonal theory of psychiatry*. New York : Norton.

van der Ploeg, R., Steglich, C., & Veenstra, R.(2020). The way bullying works : How new ties facilitate the mutual reinforcement of status and bullying in elementary schools. *Social Networks, 60*, 71–82.

山本多喜司・ワップナー, S.(1991). 人生移行の発達心理学 北大路書房

コラム8　注意欠如・多動性障害

　ADHD（注意欠如・多動性障害）には，症状として2つのタイプ，つまり「多動性及び衝動性」と「不注意」が存在し，これらの症状は事例によって単独あるいは重複する。前者の「多動性及び衝動性」は，常に体が動いたり，よく考えずに行動し待てない，よくしゃべる（口の多動）などが多く，後者の「不注意」については，気が散りやすく活動を継続できない，よく忘れる，間違いが多い，などが多い。男女比が認められており，約2対1で男児（男性）が多いとされている。また，認知的背景として，実行機能の障害，つまり，将来の目標に向けて必要な問題解決を行うために必要な諸能力（例えば注意，プランニング，記憶など）の不全があるという見方が，長年にわたって有力である。

表　注意欠如・多動性障害（Attention-Deficit/Hyper activities Disorder）

- ・多動性および衝動性：常に体が動いている，待てない，しゃべりが止まらない
- ・不注意：気が散りやすく活動を持続できない，よく忘れる，間違いが多い
- ・両方：上記2つの特性による問題を併せもつ場合

図　サリ・ソルデン著「片づけられない女たち」WAVE出版

　ところで，実際の教室での姿をイメージすれば，教師から注目を浴びがちなのは，「多動性及び衝動性」を示す子どもたちであることは想像に難くない。112名の教師への調査を行ったアルダーマンら（Alderman & Gimpel, 1996）の調査でも，不注意な行動より，動きが激しく攻撃的な行動の方が，対処に難しく外部の専門家につながる可能性が高かった。しかしだからといって「不注意」の症状のみを示す者への注目と支援が軽く見られていいわけではない。「不注意」傾向が強いものは女児にも多く，その症状は成人しても残存することが多い。家庭から就業に至る日常の生活において，「段取りを忘れる」「頼まれたことができない」「片付けができない」など多くの活動で支障をきたしていることがある（図）。認知機能の不全による個人活動の問題から，人間関係上の問題を抱え，精神疾患を抱えるものもいる。「何か抜けている所もあるけど，おとなしいし，私の手を煩わせることも少ないから」と過小評価してはいけなく，幼少期からの早めの気づきと適切な対応が望まれる。

引用文献

Alderman, G. L., & Gimpel, G. A.（1996）The interaction between type of behavior problem and type of consultant : Teachers' preferences for professional assistance. *Journal of Educational and Psychological Consultation, 7*, 305-313.

青年期 I

9

◎ 本章のポイント
　本章では青年期に起こる「身体・神経系」の変化と，それにともなって起こる認知的な発達について，以下の各点を中心に概説する。
・発達における年代差，地域差について
・青年期に特徴的な性成熟について
・心の病や問題とされる行動について
・抽象的・論理的思考や批判的思考（クリティカルシンキング）について
・動機づけと学習について
　身体的な変化や周囲の環境の変化が心理面に及ぼす影響について，性行動の問題など本章に書かれていることを題材として，自分なりに，批判的に考えてみることが重要である。

1. 青年期における身体的発達の特徴

[1] 発達加速現象
(1) 成長加速現象と成熟前傾現象

　発達のアクセルが踏まれている。発達のスピードが速くなっている。この現象を**発達加速現象**と呼ぶ。発達加速現象が注目され始めるきっかけとなったのは，ヨーロッパでの徴兵検査であった。経時的な検査の結果，どんどん若い世代ほど身体が大きくなることがわかってきたからである（日野林ら，2005）。この発達加速現象は，体重や身長といった量的な面の成長加速現象と，初潮・精通や声変わりといった質的な面の成熟前傾現象に大別される。また，前の世代と比べての年間加速現象と同年代における他の集団・文化と比べての発達勾配現象という2つの側面をもつ。

(2) 日本における成長加速現象と成熟前傾現象

　日本に暮らす人々の平均身長も，時代とともに増大した（文部科学省, 2020）
（図9-1）。1900（明治33）年の17歳の平均身長は，男性157.9cm，女性147.0cm
であった。明治〜昭和にかけて，男性は160cm を超え，女性も150cm を超え
た。そして，第二次世界大戦後の一時期は戦争の影響により下降したが，1982
年には男性の平均身長（170.1cm）が170cm を超えた。従来の考え方では，「170
cm を超えると高身長の人種」といわれており，この年，日本の男性は低身長
を脱した（日野林ら, 2005）。しかし以後，身長の伸びは止まる。1980年代には，
成長加速現象における年間加速現象は止まったようである。

　他方で，成熟前傾現象については様相が異なる。平均初潮年齢は1889年には
14歳後半だったが，1942年の都市部の学生では，13歳半まで低年齢化していた
といわれている。1961年から実施されてきた全国初潮調査によれば，その後，
一直線に，猛スピードで低年齢化した1977年の平均初潮年齢は12歳半であった。
1960年代頃に性成熟の低年齢化が終わったといわれているヨーロッパ諸国よ
り，スピードは速くかつ低い年齢で止まった（日野林ら, 2005）。

　1980年代には，成長の伸びとともに平均初潮年齢も止まっていたが，90年代
に入り新たな展開を迎える。1987年に比べて1992年，さらに1997年の調査で再

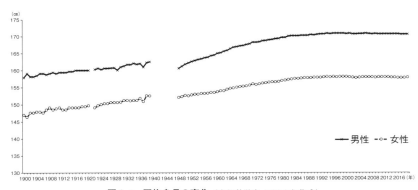

図9-1　平均身長の変化（文部科学省, 2020より作成）

注）1900（明治33）年から1939（昭和14）年までは「生徒児童身体検査統計」として実施。1948（昭和23）
　　年から統計法による「学校衛生統計」として実施し，1960（昭和35）年に「学校保健統計」に名称変更。

び，年齢が下がり始めたのである。2002年の調査では1997年の調査と比べて平均値は移動しなかったので，第二次世界大戦後2回目の性成熟の低年齢化は「とりあえずは止まった」（日野林ら，2005）ようである。2008年の調査でもほとんど変化せず，1997年以降12歳2か月前後で推移している。

　また，東京都幼・小・中・高・心性教育研究会（2014）によると，2002・2005・2008・2014年に実施された児童・生徒の性に関する調査において，中学校3年までに90％以上の女子が初潮を経験していた。他方，男子では，調査ごとに射精を経験している生徒が減少し，2014年では50％を割り，2002年から約10ポイントの減少が生じていた。さらに，2017年に実施された青少年の性行動全国調査（日本性教育協会，2019）によれば，女子中学生の81.2％が初潮を経験していたのに対して，男子中学生で精通を経験した者は，37.2％にとどまった。この男子の未熟化は，今後注目していく必要があろう。また，個人差が大きい現象であることにも注意を払っておく必要がある。

　発達勾配現象については，日本国内でも地域差がある。発達加速現象が始まった頃は都市化現象といわれ（日野林ら，2005），東京や大阪での身長が高いという結果を得ていた。しかしながら，大都市での高身長という特徴は消えた。それに代わり，地方での性成熟の低年齢化が目立ってきている。成熟前傾現象についての発達勾配現象が特徴といえる。

　発達加速現象は，1990年代以降変化してきたと考えられる。発達のアクセルを踏んでいるのは何なのか？　都市化だけでは説明できない，体格の向上のない，性成熟だけの低年齢化が身体に起こっている。言い換えるならば，体は子どものまま，性的には青年期の入り口である思春期を迎えた人たちが，1990年代以降，特に女性で増えてきたのである。

■ [2] 第2次性徴と性行動

　「本来，すべての生物はまずメスとして発生する。なにごともなければメスは生物としての基本仕様をまっすぐに進み立派なメスとなる。このプロセスにあって，貧乏くじを引いてカスタマイズを受けた不幸なものが，基本仕様を逸れて困難な隘路へと導かれる。それがオスなのだ」（福岡，2008, p. 184）。

　児童期の終盤に訪れる思春期スパート期と呼ばれる急激な身長・体重の増大

とともに，それまで経験したことのない未知の世界である初潮や精通といった
性的な発育が現れる。これが，**第2次性徴**である。

(1) 第2次性徴による変化

　生殖器官の成熟とともに男性は声変わりし，骨ばった逞しい体になってくる。
女性は初潮を迎え，胸がふくらみ体も丸みを帯びてくる。これらの変化が起こ
るのは，性ホルモンの影響を受けた生物としての反応である。
　脳の発達過程を見た時には，そのまま発達すれば全ての人は女性の回路を有
する脳をもつと考えられている。この女性の脳を男性の脳へと変化させるのは，
胎児期に男児自身の精巣から放出される大量のアンドロゲン（男性ホルモン）
である。男児の場合，在胎3～5か月の時期に精巣から分泌される，大量のテ
ストステロン（アンドロゲンの一種）によって脳が男性化し，男性行動の基本
回路が形成される。さらに女性特有の回路は抑制され，脱女性化が進む。
　第2次性徴の到来は，胎児期に作られ用意されていたそれぞれの回路を活性
化することなのである。その活性化を起こすのが性ホルモンである。性ホルモ
ンの影響により，身体的にもそれぞれの性別としての体へと変化していくのと
同時に，今まで感じたことのなかった気持ちに突き動かされそうになる。これ
が，性衝動である。

(2) 現代青年たちの性行動

　青年たちは，この性衝動を適切に処理しなければならない。そして，単に衝
動を処理する相手ではなく，信頼できるパートナー，安らげる相手を，時間を
かけて探す旅へのスタートを切る。
　しかしながら，1990年代以降，前傾する思春期の到来に加えて，さまざまな情
報の氾濫が性行動の早期化を促してきた。石﨑（2005）は児童生徒に対する経時
的な調査の結果に基づき，「中学生・高校生の性交経験率（累積）が1990年代以
降上昇し続けていること」，「高校生の場合，90年代の中頃に女子の数字が男子を
上回ったのが特徴的なこと」，さらには「2002年頃の高校3年生の性交経験率は，
男子では37.3％である一方で，女子では45.6％と，男子よりかなり高いこと」
を指摘している。日本性教育協会による青少年の性行動全国調査でも類似の結

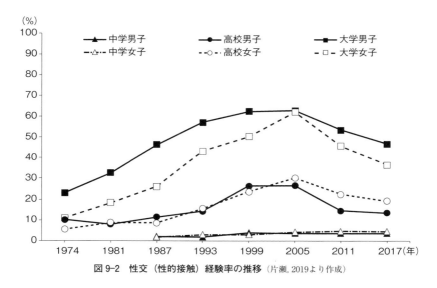

図 9-2　**性交（性的接触）経験率の推移**（片瀬, 2019より作成）

果が示されており，デート，キス，性交（性的接触）（図 9-2）といった性行
動経験率は，1990年代に上昇を続け，2005年にピークを迎えている（片瀬, 2019）。
　これらの数字を大きいと感じるかどうかは，自分の知っている友人たちの状
況によって異なるだろう。例えば，出会い系サイトなどにメールをしたことの
ある女子中学生の中で，実際に相手に会った経験のある女子中学生は，その友
人も相手に会った経験をしている場合が多い（小保方・無藤, 2007）。また，友
人やマスメディアなどによって摂取した誤った情報を「正しい」と考えている
高校生ほど，周囲の性交経験を気にかけやすく，焦りの気持ちが強くなりやす
い（五十嵐, 2002）。「焦り」から性行為へと至ることも決して珍しくはなかっ
たのかもしれない。

■ [3] 身体の変化と心（思春期心身症，思春期やせ症）

　第2次性徴による身体の変化と，それを理解できない不安による不安定感は，
直接的に性行動の低年齢化という形で現れるだけでなく，間接的に思春期心身
症としても現れる。**心身症**とは，簡単にいうと心理的な問題が原因で生じる身

体疾患である。思春期の訴えは，まず身体の問題として意識されることが多く，そのことに執着してしまうと心の問題が隠されて，身体の症状のみが一人歩きをしてしまうことがある（芦野, 2006）。

　また，第2次性徴による身体的な変化が見た目にも顕著な女子は，自分自身の性意識の高まりとともに，他者の視線を強く意識する（芦野, 2006）。このような特徴からか，思春期の女性において，**摂食障害**を発症することが多い。摂食障害は，身体にかなり重いダメージを与えかねず，最悪の場合，死にいたることもある。摂食障害は過食症，拒食症，異食症に大別される（実際には単独で生じず，これらの間を行き来することも多い）。学校現場では，それらのうちの拒食症を思春期やせ症と呼ぶことが多い。この思春期やせ症の深刻な問題は，本来成長のスパート期にあるはずの時期における栄養障害による，脳機能不全と成長障害にある（渡辺, 2007）。

　この思春期やせ症は，かつては精神分析の立場などから，母親のような劣った存在である女性になることへの拒否（成熟拒否）といった思春期心性により生じるとされた（花澤, 2007）。現在では，やせても，やせてもなお，「やせていない」と自分自身の身体像・ボディイメージを捉える，認知的な歪みが生じることが知られている。岡部・井尾（2006）は，患者たちのボディイメージには歪みがあるが，ボディイメージ自体が壊れているわけではないと指摘する。そして，患者は自分がやせすぎていることを理解しているが，体重の増加への恐怖（肥満恐怖）から，やせていることを気にしないようにしたり，体重を増やすことに抵抗するのではないかと考察している。

　1990年代後半から，思春期前の児童や男性における思春期やせ症が存在することが報告されるようになってきた。過度にやせを美とする社会的風潮により，性別年齢を問わず，身体像についての認知が歪んできている可能性が考えられる。

■ 2. 青年期における認知的な発達の特徴

■ [1] 論理的思考（形式的操作）

(1) ピアジェ理論に基づく「青年期の論理的思考」

　論理的思考の発達は，青年期の思考を特徴づけるものと考えられてきた。ピアジェ（Piaget, J.）の思考の発達段階（第1章参照）によれば，青年期は形式的操作段階にあたる。イネルデとピアジェ（Inhelder & Piaget, 1958）は，児童期以後の子どもを対象に，論理的思考にかかわる15種類の課題を実施し，その反応を分析することによって，形式的操作段階の裏づけとなる証拠を得ている。いずれの課題も，理解と解決に形式的操作思考を要するとされる（子安，1981）。形式的操作とは，具体的な事象の観察の結果から，「○○が影響するのではないか」などの仮説を立て，その仮説が正しいかどうかを，観察を繰り返すことで確かめること，さらには，実際の事象の観察から離れ，抽象的・一般的事象に広げて推論することである。

　ピアジェらの実験を部分的に追試した研究（子安，1981）によれば，11歳から15歳の参加者が完成した形式的操作思考を示すとは限らず，この年齢はむしろ移行期に近かった。大学生でさえ形式的操作の獲得に大きな個人差があることは，1960年代から示されてきた。例えば，240人のアメリカの大学生を対象とした研究（Elkind, 1962）では，体積の保存概念（第5章も参照）を示したのは，男子（平均20歳）で74％，女子で（平均19歳）で52％であった。

　ピアジェ（Piaget, 1972）は，理論と矛盾するデータが少なくはない点について，学校のタイプや社会環境が異なれば，違った結果となりうることを認める。そして，食い違いの解釈として3つの可能性を想定している。第1は，発達段階の順序は変わらないが，各段階に達する年齢（発達の速度）が社会環境・国・地域によってかなり変動するという可能性である。第2は，年齢にともなう適性の多様化を考慮する解釈である。これは，論理学・数学・物理学の才能ある者は形式的操作を使えるが，文学・芸術・実学の才能の者は使えないという考え方である。第3は，発達段階の概念と適性分化の考え方を調和させる解釈である。つまり，正常な人間であれば，11〜15歳の間でなくとも，15〜20歳

頃には形式的操作の段階に達するが，個人の適性や職業の専門性に応じてそれ
ぞれ違った領域において達するという仮説である。そして，形式的操作思考が
課題の具体的な内容にとらわれずに推理することであるといっても，適性や関
心という条件を抜きにすることはできないと説明している。

(2) 日本における論理的思考の発達

　では，国を変え，日本での結果はどうだったのか？　石田（1980）は，論理
的思考として，三段論法形式の演繹推論を課題に用いた実験を，小・中・大学
生に対して行った。三段論法とは，2つの前提（命題）から1つの結論を導く
ものである。「AならB」，「BならC」といった2つの命題から，「よってA
ならCだろう」という1つの結論を導き出す。石田（1980）は，そのうちの
前提の1つが含意関係を表す文（もし…であれば—）となっている仮言三段論
法と呼ばれるものの一種を使用し，推論形式の違いの影響に加えて，推論内容
の違い（因果，事実，恣意，反経験，記号）の影響も検討した（表9-1）。そ
の結果，条件推論能力の発達は推論形式によって大きく異なっていた。前件否
定課題（平均正答率＝33.8～46.1％）・後件肯定課題（平均正答率＝23.0～39.7％）
は前件肯定課題（93.6～97.1％）・後件否定課題（47.5～76.0％）に比べて，大

表9-1　石田（1980）で用いられた各推論形式と内容 （石田，1980より作成）

推論形式と推論内容の違い： 「もしp（前件）であれば，かならずq（後件）です」		正解
1．前件肯定：これはpです		qです
もし大雪が降れば，かならず電車は遅れます。（因果） 　大雪がふりました	だから…	電車は遅れます
2．後件否定：これはqではありません		pではありません
もし人ならば，かならず2本足です。（事実） 　これは2本足ではありません	だから…	人ではありません
3．前件否定：これはpではありません		qでないとはかぎりません
もし火曜日ならば，かならずテストがあります。（恣意） 　今日は火曜日ではありません	だから…	テストでないとはかぎり ません
4．後件肯定：これはqです		pとはかぎりません
もし犬であれば，かならず3本足です。（反経験） 　これは3本足です	だから…	犬とはかぎりません

学生でも困難であった。また，難易度は，推論内容の要因によっても異なっていた。その影響は各学年で異なっていたが，一般に，事実（大学生平均正答率＝29.4〜94.1％）・恣意（39.7〜97.1％）での正答率は反経験（30.4〜93.6％）・記号（29.4〜95.1％）に比べて優れていた。また，因果は前件肯定課題（94.1％）・後件否定課題（73.0％）では正答率が高く，前件否定課題（38.7％）・後件肯定課題（23.0％）では相対的に低くなるという傾向が示された。

　では，1980年当時とは異なる環境に暮らす，現代の大学生の形式的操作，論理的思考は一体どうなっているのだろうか？　どの程度，論理的な思考ができるだろうか？　合理的な推論を行えるのだろうか？

　それを試すため，大学の授業では，レポートが課されたり，試験が行われたりすることだろう。レポートでは，授業で扱ったさまざまな現象や概念（例えば，第2次性徴や形式的操作など）に関して，根拠を示しながら，論理的な批判を行うことが求められる。その際には，「自分の推論は論理的になされているのだろうか」という推論を行うことが必要である。

　自分の推論過程を意識的に吟味する再帰的（reflective）な思考は**クリティカルシンキング**（critical thinking）と呼ばれ，特に，1990年代後半から，大学で教育することが求められている。

■［2］クリティカルシンキング

（1）4人のクリシンカーモデル

　表9-2に示したAさん，Bさん，Cさん，Dさんのうちで，あなたが好きなのは誰か？　あなたは誰のようになりたいだろうか？

　クリティカルシンキングとは「適切な基準や根拠に基づく論理的で偏りのない思考，および，自分の推論過程を意識的に吟味する再帰的な思考を伴ったメタな認知を含む思考」（廣岡ら，2006）を指す。感覚的な「好き」「嫌い」でなく，論理的に良し悪しを判断するためには欠かすことができない。クリティカルシンキングは米国における教育，特に高等教育では最も重要な教育目標の1つとみなされている。しかし，米国の大学4年生のクリティカルシンキングのレベルはさほど高くはなっていない（道田，2000）。この点について，心理学・医学といった確率論的な経験科学が，大学教育でのクリティカルシンキングの

表 9-2   廣岡ら（2005）でのクリシンカーモデル（廣岡ら, 2005より作成）

モデル	内容
Aさん	物事を決める時に客観的な態度を心がける人 どんな物事や情報に対しても簡単に信じ込んだりはしない 納得できるまで考え抜き確かな事実や証拠を大切にしながら適切な根拠をもとに偏りのない判断をする人 自分の意見や考えを論理的に組み立てることができる ここぞという時にはためらわずに決断することができる
Bさん	いろいろな人と接して多くのことを学びたいと考えている 人の話のポイントをつかむのが上手でたとえ自分とは違う意見であっても理由なく否定せずに意見を聞くことができる その結果自分の意見が間違っていると思ったら素直に間違いを認めることができる 友だちに対しても言わなければいけないと思えば悪いことは悪いと言うことができる人 うわさをむやみに信じこんだりはしない
Cさん	物事を決める時に自分の気持ちを大切にする人 物事を深く考えないようにしており事実や証拠よりも直感的な判断を重視する 決めなければいけないことはなんとなく決めることができる いろいろな物事や情報をすぐに受け入れることができる 物事を論理的に考えることは好きではない
Dさん	自分の意見を大切にし自分とは違う意見が出されたとしてもねばり強く自分の意見を主張する人 自分の意見が間違っていると思っても何とか自分の意見の正しさを証明しようとする 友だちに対して悪いことでも悪いとは言わない方がいいと思っている うわさが大好きで第一印象やイメージを大切にする 人の話を聞く時は内容を理解することよりも会話の雰囲気を重視する

発達に貢献する可能性が主張されている（宮元, 2000）。例えば，心理学や医学のような確率論的な科学は，科学的な問題だけでなく，日常的な問題に対しても統計的原理や方法論的原則を正しく適用する能力を高めうる。

　クリティカルシンキングを形作るものには，「クリティカルシンキングを行う能力・技術（テクニック）・技能（スキル）」や「クリティカルシンキングに対する態度」などがある。その中でも，クリティカルシンキングを行うスキルを獲得・活用しようとする態度・志向性が重要になる（廣岡ら, 2005）。クリティカルシンキングを行おうという志向性は，与えられた課題に対する単なる認知能力・論理的解決能力だけではなく，日常生活における社会的な賢さ（social intelligence）にも大いに関連するだろう。日常的な社会的事象に対してクリティカルに考えようとする志向性の低い人は，志向性の高い人と比べて，事象

に対する判断に客観的でもなく合理的でもないエラーを含む可能性が大きくなる。さらに，その事象に対する判断に基づいて選択される対人・社会的な行動でも，志向性の低い人と高い人では違いが生じる。例えば，新たなダイエット法に飛びつく人もいれば，そうはしない人もいる。

　最初に挙げたAさん〜Dさんの4名は，廣岡ら（2005）が大学1年生372名への調査の際に提示した「クリシンカーモデル」である。クリティカルシンキングをする人（クリシンカー）のイメージの悪さは，クリティカルシンキング志向性を妨げる（廣岡ら，2000）。そこで廣岡ら（2005）は，「クリシンカー」かどうかに，社会的な側面をもつかどうかをかけ合わせ，社会的でないクリシンカー（A），社会的なクリシンカー（B），社会的でないノンクリシンカー（C），社会的なノンクリシンカー（D）の4人のモデルを提示し，社会的な望ましさなどを評価させたのである。その結果，Aが最も社会的に望ましいと評価され，ついでB，D，Cの順であった。また，「好き−嫌い」，「なりたい−なりたくない」という評価は，Bが最も高く評価され，ついでA，C，Dの順であった。大学生はクリティカルシンキングへの志向性をもっていると解釈できる。

（2）クリティカルシンキングへの志向性を高める経験

　では，どのような経験がクリティカルシンキングへの志向性を高めるのだろうか？　卒業を目前とした大学4年生や医学部6年生への調査（廣岡ら，2006）の結果，「議論」を多く経験している学生ほど，クリティカルシンキングへの志向性が高かった。さらに，学生が社会的なクリティカルシンキング（「人の意見の善し悪しをその人の外見や地位だけから判断しない」など）を意識するきっかけとなった出来事としては，「議論」や「人とのかかわり」が多かった。また，社会的でないクリティカルシンキング（「ものごとや情報の真偽を適切な事実や証拠をもとに偏りのない判断をする」など）を意識するきっかけは，「卒業論文」，「マスメディア」，「レポート」といった出来事が多かった。

　授業や友人との「議論」の機会や，「レポート」作成さらには「卒業論文」へと自ら能動的に取り組んでいく中で，確かな事実や証拠に基づいて考えようという傾向が身についてくるのだろう。

(3) メディア・ネット言説とクリティカルシンキング

　ここで，青年の性行動を題材に，クリティカルシンキングしてみよう。

　青少年の性行動全国調査が始まった1970年代は，青少年の性の問題が過剰なほどに「問題化」された時期であった。しかし，図9-2に示した通り，少なくとも1970年代から80年代にかけての高校生の実態は，70年代のマスコミが喧伝した「性の早熟化」とは程遠い。片瀬（2005）は，メディアは都合の良いメディア・フレーム（メディアが報道する事実の選択をする際のフレーム）によって若者の多様な現象の一部を切り取り，単純化してその時代の若者像を「構築」しているに過ぎないと指摘する。

　実際に高校生の性行動が活発化の兆しを見せるのは1990年代に入ってからである。1999年調査の時期には，女子高校生による援助交際やテレホンクラブ利用の急増が報じられていた（例えば，宮台，1994）。それにより，あたかも多くの青少年が性風俗に日常的に接しているかのような印象が生みだされ，性規範からの逸脱として捉えられた。ところが，2011年調査では，インターネットやSNS の広がりによって，性情報の入手はさらに手軽に可能となったにもかかわらず，青少年の性行動経験率が低下していた。また，この時期のメディアでは，これまでと一転して，青少年の消極性や責任回避の傾向を問題視する論調が増えた。特に草食化言説は，現代の青少年の恋愛観やセックス観を示す言葉として，広く世間に知れ渡るようになった。

　一方で，林（2019）は，「草食系」という語が意味する諸要素（性的関心がないこと，異性の友人がたくさんいることなど）には「合成の誤謬」が生じている可能性に触れ，「草食化」言説は青少年の性行動のごく限られた一面を切り取っているに過ぎないと主張する。そして，各調査時点における性的関心の有無と性行動の経験の有無を組み合わせた4つのグループの割合を算出している（図9-3）。これらの図から，言説の中でよくいわれる「草食系男子」とも呼べる層は少なくとも多数派ではないことがわかる。

　多く情報を組み合わせることで，論理的な思考が可能になる一方で，多くの情報から過激な情報ばかりを短絡的に選んでしまう人たちもいる。2010年代後半から，インターネット上のSNS における誹謗中傷の事件が特に目立つようになってきた。個人の情報発信がかつてよりも容易になった時代だからこそ，

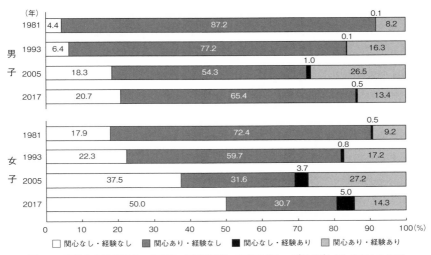

図9-3　高校生の性的関心・性行動（性交経験）の経験グループの分布（林, 2019より作成）

感情に任せて,「死ね」や「消えろ」などと書き込んでしまう前に, 冷静に情報を分析する姿勢が必要である。論理的な批判と, 感情的な誹謗中傷は全く異なる。

　短時間に膨大な情報へアクセスすることがかつてに比べて容易になった現代の学生には, 情報の真偽を見極めた上で,「主体的に深く考え, 課題に取り組むこと」が強く求められている。

■ [3] 動機づけと学習

　この章の最後に, あなたに考えてほしいのは, 以下の問いへの答えである。
「なぜ, 勉強するのか？」

　動機づけとは,「行動を一定の方向に向けて生起させ, 持続させる過程や機能の全般」を指す。つまり, 動機づけは, ①行動を方向づけ, ②行動を始めさせ, さらには, ③行動を維持する。これをもとに, 動機づけの研究では①目指している方向（「承認」,「親和」など）による分類がなされた。また, ②行動が起こるかどうかの実験, さらには, ③起こった行動がどれくらい維持されるのかの実験が, 行動主義の枠組みで行われてきた。

(1) 行動主義における学習

　行動主義において，学習とは，「経験を通した，刺激と反応の結びつき」のことをいう。「経験を通した」とするのは，生まれながらにして，先天的に，本能でできるわけではないと考えるからである。生まれた後に，さまざまな反応を繰り返す中で，特定の反応が特定の刺激と結びついていく。特定の刺激に方向づけられた反応・行動が起こり，維持されるようになる。それはなぜか？「報酬がともなうからだ」と行動主義者なら説明するだろう。

　スキナー箱の中に閉じ込められ，無目的に壁をつついていた鳩は，餌という報酬を得るという経験をする。鳩は壁のいろいろなところをつついているうちに，壁の特定の部分をつついた時のみ餌を得るということに気がつく（鳩に「気づいた」のかどうか聞いてみても，言葉で答えてはくれないので確かめることは難しいが）。すると鳩は，餌を得るため壁の特定の部分のみをつつくようになる。鳩が壁の特定の部分である，レバー（刺激）に対してつつくという行動をするのは，餌という報酬を得るためである。行動は報酬を得るための手段といえる。手段としての行動は，行動自体の外にある報酬という目的により，外発的に動機づけられている。

(2) 自己決定理論

　しかしながら，人間の場合には外的な報酬が与えられることにより，行動が抑えられるという主張がなされるようになった。デシ（Deci, 1971）は，非常におもしろいパズル課題を大学生に行わせた後，学生を部屋で待機させた。部屋には，雑誌などとともに課題で使ったパズルが置かれていた。そして，1人で部屋に残された学生の様子を観察した。その結果，パズル課題の成績に金銭的な報酬を与えられた学生たちは，与えられなかった学生たちより，待機中にパズルを行う時間が短いことを見出した。**アンダーマイニング効果**の発見である。

　この立場では，人間は報酬によってコントロールされるのではなく，「自律性」を求めて行動するのだと主張される。加えて，行動が生起する原因として「有能さ」を求める欲求を想定する。報酬は行動をコントロールしようとするものとして認知されると自律性を脅かすが，「有能さ」を示す情報として認知されるならば，動機づけを高める。つまり，行動している本人の認知が重要と

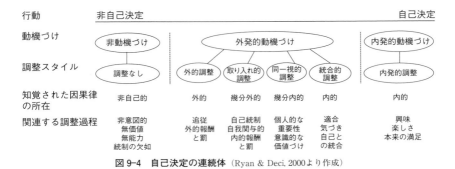

図 9-4　自己決定の連続体（Ryan & Deci, 2000より作成）

されるようになった。その後「関係性」への欲求を加えて，**自己決定理論**（Ryan & Deci, 2000　図 9 - 4 ）が提唱されている。

　図 9 - 4 をもとに説明を加える。内発的動機づけとは行動自体が目的になっている状態である。自己決定理論では自己決定（自律性）の程度に従って，内発的動機づけの並びに外発的動機づけをおく。これは，行動が手段となっているという点では同じ場合でも，自律性の異なった 4 つの動機づけに区分していることを示している。内発的動機づけの状態にある人ならば，最初の「なぜ勉強するのか？」という問いに対して，「学ぶ内容がおもしろいから」などと答えるだろう。また，外発的動機づけの状態でも，同一視的調整の位置にある人ならば，「自分の能力を試してみたいから」など自分でコントロールできる問題として答えるだろう。しかし，外的調整の位置にある人ならば，「親に言われるから」など，外的な原因を答えるだろう。

　調整の位置を変化させるものとして，近年「関係性」に注目が集まっている。周囲の人たちとの人間関係の中で，時間を経て，調整の位置が変化していくこともある。「親に叱られるから勉強していたけれど，高校の数学の先生が数学のおもしろさを教えてくれて，内容自体がおもしろくなって…」といった経験を説明しようという研究が行われるようになってきている。

148   9   青年期 I

キーワード

日本人の平均身長の低下傾向：国立成育医療研究センターのチームが報告している。1969〜2014年に生まれた児の出生時の状況と成人後身長の平均の年次推移を調べたところ，1980年以後に生まれた成人の平均身長は低下しており，低出生体重児増加も一因になっている可能性があることを示した。

アンドロゲンシャワー：発達期のある特定の期間に精巣からアンドロゲンが多量に分泌される。この分泌をアンドロゲンシャワーと呼ぶ。ヒトを含めてほ乳類では，発達期のアンドロゲンの作用の有無が脳の性分化にとって重要である。脳の性分化の方向性を決定づけるホルモンが作用する期間は脳の性分化の臨界期と呼ばれる。

包括的性教育：自らの健康・幸福・尊厳への気づき，尊敬を基盤とした社会的関係と性的関係の構築，それぞれの選択の自己と他者への影響についての気づき，自らの権利を守ることの理解と実行が具体化できるための知識・スキル・態度・価値観を獲得させることを主な目的とする，セクシュアリティを精神的，心理的，身体的，社会的側面で捉えた教育。

ビジネススキルとしてのロジカルシンキング：物事を結論と根拠に分け，その論理的なつながりを捉えながら物事を理解する思考法。「論理的思考」と呼ばれるが，日本で広まった契機は，『ロジカル・シンキング』（照屋・岡田，2001）以来，主にコンサルタント系の著者たちにより，さまざまなツールや手法が提唱され，ビジネス書がブームとなったことにあるともいわれる。

■ 引用文献

芦野智子（2006）．中学生・高校生の性と心の問題　教育と医学，*54*，126–133．

Deci, E. L. (1971). Effects of externally mediated rewards on intrinsic motivation. *Journal of Personality and Social Psychology, 18*, 105–115.

Elkind, D. (1962). Quantity conceptions in college students. *The Journal of Social Psychology, 57*, 459–465

福岡伸一（2008）．できそこないの男たち　光文社

花澤　寿（2007）．Anorexia nervosa における「成熟拒否」の時代変遷　千葉大学教育学部研究紀要，*55*，223–225．

林　雄亮（2019）．変化する性行動の発達プロセスと青少年層の分極化　日本性教育協会（編）「若者の性」白書——第8回青少年性行動全国調査報告——（pp. 29–46）　小学館

日野林俊彦・稲垣由子・佐藤浩一（2005）．第37回公開シンポジウム　発達加速現象—Acceleration　子ども学，*7*，79–105．

廣岡秀一・小川一美・元吉忠寛（2000）．クリティカルシンキングに対する志向性の測定に関する探索的研究　三重大学教育学部研究紀要（教育科学），*51*，161–173．

廣岡秀一・中西良文・横矢　規・後藤淳子・福田真知（2005）．大学生のクリティカルシンキング志向性に関する縦断的検討（1）　三重大学教育学部研究紀要（教育科学），*56*，303–315．

廣岡秀一・横矢　規・中西良文（2006）．大学生のクリティカルシンキング志向性と大学生活経験　三重大学教育学部研究紀要（教育科学），*57*，121–133．

五十嵐哲也（2002）．高校生における性行動に関する研究：高校生が性交を行う動機と性知識を中心に　教育学研究集録，*26*，77-86.

Inhelder, B., & Piaget, J. (1958). *The growth of logical thinking from childhood to adolescence.* New York : Basic Books.

石田裕久（1980）．条件推理能力の発達に関する研究　教育心理学研究，*28*，152-161.

石﨑淳一（2005）．青少年の性的活動における危機をめぐって　臨床心理学，*5*，375-379.

片瀬一男（2019）．第8回「青少年性行動全国調査」の概要　日本性教育協会（編）「若者の性」白書——第8回青少年性行動全国調査報告——（pp. 9-28）　小学館

子安増生（1981）．青年期における形式的操作思考の研究—Sigler のルール・モデルによる天秤課題および確率課題の分析—　愛知教育大学研究報告，*30*（教育科学編），123-136.

道田泰司（2000）．大学は学生に批判的思考力を育成しているか？—米国における研究の展望—　琉球大学教育学部紀要，*56*，369-378.

宮元博章（2000）．批判的思考を中核においた心理学教育のあり方について　古川　治・塩見邦雄（編）　伝統と創造（pp. 95-106）人文書院

宮台真司（1994）．制服少女たちの選択　講談社

文部科学省（2020）．学校保健統計調査年次統計　文部科学省調査企画課　Retrieved from https : //www.e-stat.go.jp/stat-search/files?page=1&toukei=00400002&tstat=000001011648（2020年3月31日）

日本性教育協会（編）（2019）．「若者の性」白書——第8回青少年性行動全国調査報告——　小学館

小保方晶子・無藤　隆（2007）．出会い系サイトなどを利用している中学生の特徴：従来からみられる非行傾向行為との比較　犯罪心理学研究，*45*，61-71.

岡田憲二郎・井尾健宏（2006）．神経性食欲不振症患者の病識——摂食障害患者全体のボディイメージの検討から——　心身医学，*46*，67-73.

Piaget, J. (1972). Intellectual evolution from adolescence to adulthood. *Human Development, 15,* 1-12.

Ryan, R. M., & Deci, E. L. (2000). Self-determination theory and facilitation of intrinsic motivation, social development, and well-being. *American Psychologist, 55,* 68-78.

東京都幼・小・中・高・心性教育研究会（2014）．児童・生徒の性に関する調査　現代性教育研究ジャーナル，*45*，1-6.

渡辺久子（2007）．思春期やせ症（小児期発症神経性食欲不振症）　母子保健健康，*55*，41-45.

コラム 9   セクシャル・マイノリティ当事者への理解と支援

　容姿や性格が千差万別であるように，性のあり方，すなわち**セクシュアリティ**も人それ
ぞれである。
　セクシュアリティは 4 つの枠組みがあり，それに応じて個々人の性のあり方が組み立て
られる。枠組みの 1 つ目は「自認する性」，すなわち自分自身の性別をどう認識している
かである。 2 つ目は「身体の性」，生物学的な身体のつくりにかかわる性の捉え方である。
3 つ目は「好きになる性」，恋愛や性愛の対象である。 4 つ目は「表現する性」，服装・行
動・振る舞い方に関わる性のあり方である。このそれぞれに男性・女性の極が想定されて
いる。例えば「自認する性」と「好きになる性」が異性の組み合わせになっているヘテロ
セクシュアル，「自認する性」と出生時に法的に割り当てられた性が一致しているシスジェ
ンダーがある。
　この 2 つに属さない，いわゆる**セクシュアル・マイノリティ**としてレズビアン（「自認
する性」と「好きになる性」が女性），ゲイ（「自認する性」と「好きになる性」が男性），
バイセクシュアル（「自認する性」と「好きになる性」が同性の場合もあれば異性の場合
もある），トランスジェンダー（「自認する性」と出生時に法的に割り当てられた性が異な
るという感覚（性的違和）をもっている）がある。これらセクシュアリティは，その頭文
字をとって **LGBT** と呼ばれている。
　しかし実際のところ，各セクシュアリティは男性・女性の極のいずれかにきっちりと割
り切れるものではない。そのため，人によって多様な組み合わせが生じる（図参照）。も
ちろん，「当てはまる範囲がない・わからない・迷っている」という人もいる。そのため，
上記に示したように LGBT と総称すること自体がもはや前時代的なようにも感じられる。
　この LGBT に関して，わが国の 20〜59 歳の約 6 万人に対して行った調査によると，LGBT
に「該当する」と答えた人は約8.9%であり，これはわが国の左利きの人の割合とほぼ同
じである（電通ダイバーシティ・ラボ, 2019）。一方で，LGBT をはじめとするセクシュア
ル・マイノリティの当事者ら 1 万 5 千人を対象に調査を行ったところ，約 7 割が「学校教育において同性愛について一切習っていない」と回答し，「差別的な発言を受けたことがある」と回答する者も約 7 割いることが明らかとなった（日高, 2016）。

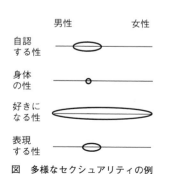

図　多様なセクシュアリティの例
注）図中の〇は当てはまる範囲を示している。

　社会の理解の及ばなさから，生きづらさを抱えるセクシュアル・マイノリティの当事者も少なくない(藥師ら, 2019)。例えば，トイレは明確に「男性用」「女性用」と分かれており内部の形状も異なるが，「自認する性」に迷いをもつ人からすると，この

ようなトイレを利用することには大きな抵抗感が伴う。他にも体育のプールの授業，宿泊行事の集団行動や部屋割り，体育祭の男女別種目など，セクシュアル・マジョリティであることが前提に組み立てられる学校場面は多くある。加えて人生設計の立てづらさも壁として立ちはだかる。当事者は社会的に見えづらいため，当事者らは人生のロールモデルを見つけることが難しい。結果的に周囲の人々の偏見を気にし，人生における決断の幅を狭めてしまうこともある。このような中で当事者の自尊感情が低下し，自殺のリスクも高まっている。

　当然のことだが，セクシュアル・マイノリティは病ではない。ただし本人が望めば「**性同一性障害**」として治療や支援を受けることができる。具体的には，本人が抱える性的違和が大きく，出生時に法的に割り当てられた性とは反対の性になることを望み，そのことで社会生活を送ることが著しく阻害されている場合に診断を受けることができる（American Psychiatric Association, 2013）。治療や支援の内容として，まずは受容的・支持的・共感的なかかわりを第一とする精神的なサポートを行う。さらに，いずれの性別でどのような生活を送るのが自分にとってふさわしいのかについてともに検討を行い，それに応じた環境の調整などを計画する。身体的治療を行う場合にはそれにともなって起こりうる変化とそれへの対応を検討する。必要な場合は，家族などへのカミングアウトについても検討する。

　当事者が治療や支援を受けているか否かにかかわらず，周囲の人々は正しい知識をもつとともに，当事者の話や訴えをしっかりと聞くことが大切である。さらに多様なセクシュアリティがあることを理解し尊重する姿勢があれば，それだけでも当事者の支えとなるだろう。

引用文献

American Psychiatric Association（2013）. *Diagnostic and statistical manual of mental disorders : DSM-5.* Washington, DC : American Psychiatric Association Publishing.
電通ダイバーシティ・ラボ（2019）. LGBT調査2018　https : //www.dentsu.co.jp/news/release/pdf-cms/2019002-0110.pdf（2020年3月31日）
日髙庸晴（2016）. LGBT当事者の意識調査「REACH Online 2016 for Sexual Minorities」　http : //www.health-issue.jp/reach_online2016_report.pdf（2020年3月31日）
薬師実芳・笹原千奈未・古堂達也・小川奈津己（2019）. 改訂新版LGBTってなんだろう？　合同出版

青年期 Ⅱ

10

◎ **本章のポイント**

　青年期は認知や身体の発達ともに多くの変化を経験し，成人期に向けて社会の中での自分を確立していく時期になる。本章では青年期について以下のことを学んでいく。

・対人関係は，親を頼りにし，依存していた時期から自立し，徐々に友人との関係が中心になっていく。青年期において友人関係はどのように変化し，どのような役割を担っているのかを概観し，さらに友人関係の現代的な課題について理解する。

・認知の発達を土台として，青年は自分を客観的に見つめて，社会の中での自分を捉えることが可能になる。こういった青年の自己の確立について，エリクソンの自我発達理論を中心に理解する。

・心身の変化を経験する青年期において，精神的に不調を来すことは珍しいことではない。どのような心理社会的問題が生じやすいのか，その問題について理解する。

1. 青年期の対人関係

■ [1] 友人関係

　青年は認知や身体の発達的変化を経験して成人になっていく。その過程でそれまでの安定した依存関係で成り立っていた親に対して，甘えをともないながらも反抗し，自立への一歩を踏み出すことになる。親への依存と自立の間で揺れながら，新たに依存可能な相手として，また悩みや考えをともに語り合える相手として同世代の友人の存在が必要となっていく。

(1) 思春期，青年期の友人関係の発達

　友人関係の発達にはいくつかの特徴が示されている。まず思春期に入る前の児童期後期には，徒党を組んだ「仲間遊び」（この時期をギャング・エイジと呼び，この仲間集団はギャンググループと呼ばれる）が行われるようになる（第

8章参照）。団結力の強い仲間集団の中で自らの役割を遂行する経験，また排他的であるがゆえに仲間から排除される経験など，集団内での社会的規範，および問題解決といった社会的スキルを学んでいく。

　児童期が進み，思春期に入る頃になると情緒的な少人数の友人，つまり親友を作るようになる。親友についてはサリヴァンにおける「**チャム（chum）**」の存在が知られている（Sullivan, 1953）。同性の特定の「水入らずの親友」との親密性は相手の幸福が自らの幸福と同じくらい大事であると感じる状態とされ，この親密的な関係の中で，互いの感情や考えを包み隠さず話し，親友の自分に対する反応や態度を見て，自分の性格や行動を見つめることが可能になるとされる。須藤（2008）はこの親友関係の意義として，「大人への移行期にいる同類だ」という安心感，精神的安定を与え，心理的保護の役割を担うこと，親との交流では見出せなかった新たな自分を発見し，未だ不確定な自分のあるべき姿を模索すること，さらに後に異性との関係を築くための第一歩になることを挙げている。

　また保坂・岡村（1986）は，友人関係の発達について3つの位相を示し（表10-1），ギャンググループ（gang-group）やチャムグループ（chum-group）の次の段階として，高校生以上を想定した「ピアグループ（peer-group）」を提示している。ピアグループとは友人と互いの価値観や理想，将来の生き方等を語り合う関係で，ここでは内面的にも外面的にも互いに自立した個人としての違いを認め合うことが可能になる。

表 10-1　**思春期・青年期の友人関係の3つの位相**（保坂・岡村，1986より作成）

1	ギャンググループ gang-group	小学校高学年頃，思春期の発達課題である親からの分離－個体化のための仲間集団を必要とし始める時期に現れる徒党集団である。同一行動による一体感を重んじ，集団の承認が家庭（親）の承認より重要になってくる。
2	チャムグループ chum-group	中学生あたりによく見られる仲良しグループである。このグループは，興味・趣味やクラブ活動などで結ばれ，互いの共通点・類似性を言葉で確かめ合うのが基本となっている。
3	ピアグループ peer-group	高校生以上において，chum-group としての関係に加えて，互いの価値観や理想・将来の生き方等を語りあう関係が生じてくるグループである。ここでは，共通点・類似性だけでなく，互いの異質性をぶつけ合うことによって，他との違いを明らかにしつつ自分の中のものを築き上げ，確認していくプロセスが見られる。

　では，調査において友人関係がどのように捉えられるのかを見ていこう。中学生から大学生の交友活動の発達的変化を検討した質問紙調査（榎本, 2003）によると，中学生では女子は「好きなテレビ番組の話をする」「トイレに一緒に行く」といった趣味や行動の類似性を重視した親密的な関係，男子は「友人と一緒に遊ぶ」「一緒にいる」といった類似の活動を重視した関係が示された。その後，女子は高校生になると「長電話をする」「カラオケに行く」など閉鎖的な関係が主となり，大学生では男女とも「価値観や将来のことを話す」といった互いの相違点を認め合い，相互に理解し合う関係を築くことが示されている。この発達的変化は，先に示した3つの位相と等しく，青年期の友人関係が，同質的な関係から異質性を受け入れた関係へと変化していくといえる。同じであることによって受容し受容され，その安心感を土台に自分自身に深く目を向け，社会の中での自己を確立していくのであろう。自己の確立が進み，自分に自信がもてるようになると，友人と同質である必要がなくなり，互いの価値観の違いを尊重した個別的な友人関係を築くようになると考えられる。

(2) 青年期の友人関係の課題

　中学時代の同質的な友人関係は，凝集性や親密度が高いために，違うものを排除することや単に仲間の誰かを排除することで，残りの友人同士の凝集性を維持しようとすることがある。女子大学生へのレポート調査で，思春期，青年期の同性友人関係の「よかったこと」「難しかったこと」を振り返ってもらったところ（須藤, 2012），「よかったこと」として，友だちと付き合ったことによって自分に自信がもてたこと，感覚や感情の共有，居場所が得られたことなどが挙げられた。一方で「難しかったこと」として，親密さのために同じ行動，悪口を強制されるなど，グループによる拘束，束縛があったこと，さらに「グループ内のいじめ」についても多く挙げられていた。そこでは周囲との関係を維持するための方略の1つとして，ターゲットを次々と変えて「いじめ」が行われていた。最近ではギャンググループのような仲間遊びが少なくなり，遊びの中で自然に学んでいた排除され，排除する経験や自分たちで作ったルールを暗黙に守る社会的規範に触れる機会が減り，中学生での親密的な友人関係において，今まであまり経験したことがない排除される出来事が，限度を超え，規

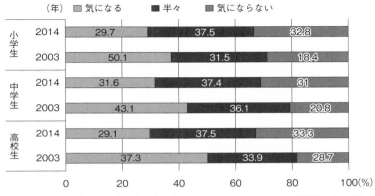

図10-1　なにかをするとき，友だちにどう思われるか，ということが気になりますか？

範を無視した形で深刻な事態を招いているとも考えられる（第8章も参照）。

　先に示したように青年期の友人関係は，発達とともに深く親密になり，自分を捉える契機となることが知られている。しかし，その友人関係が希薄化しているという指摘やさらに現代では友人関係を作り出し，維持するためのチャンネル（手段）がインターネット，携帯電話を含めて増えたことから，青年は状況によって友人を使い分け，付き合う相手を自由に切り替える「状況志向的」になっていると指摘されている（浅野，2006）。こういった指摘を受けて，友人関係の時代的変化（異なる時代で同じ年代を比較した際に生じる変化）に着目した報告が散見されるようになった。例えば，2003年と2014年の小学5年生，中学2年生，高校2年生を比較した結果（遠藤ら，2017）によると，「なにかをするとき，友だちにどう思われるか，ということが気になりますか？」という質問に対して，各学校段階のいずれも「気になるほう」と回答した子どもの割合は減少し，以前と比較して友だちに対して神経質にならない傾向が見られ（図10-1），さらに仲のいい友だちの数は増加していた。また少し年齢が上になるが，20歳代の若者層を2002年と2012年で比較した結果（福重，2016）では，「友だちをたくさん作るように心がけている」や「友だちと意見が合わなかったときには納得するまで話し合いをする」という付き合い方を意識している人は減少している一方で（図10-2），仲の良い友だち，知り合い程度の友だちの人数は増加していた。これら全体から考えるに，最近の友人関係は，友人の人数は

友だちをたくさん作るように心がけている

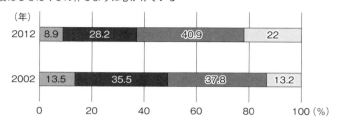

友だちと意見が合わなかったときには納得がいくまで話し合いをする

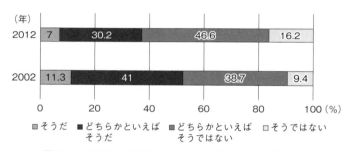

■そうだ　■どちらかといえば　■どちらかといえば　□そうではない
　　　　　　　そうだ　　　　　　そうではない

図10-2　2002年と2012年の青年（20〜29歳）の友人関係の比較

多くなったが，あっさりした付き合い方をしている（もしくはあっさりした付
き合い方を望む傾向がある）のかもしれない。

　青年の友人関係は成人期へと向かう心理的支えとなる定型的発達の特徴に加
えて，時代の変化にも影響を受けてその有り様は変わっていく。特に近年の友
人関係は情報化社会の中でより複雑になり，不特定多数の人とインターネット
を通してすぐに知り合うことができる。こういったかつてない環境が，青年に
何をもたらすのかは今後注視する必要がある。

■［2］異性関係

（1）異性関係の特徴

　第2次性徴が発現する時期から，青年にとって**異性**との関係は大きな関心の
1つになる（第9章も参照）。「初めてデートをしたのは何歳でしたか？」とい
う質問への大学生の回答（図10-3：日本性教育協会，2019）では，14〜15歳が

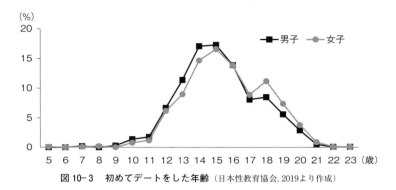

図10-3　初めてデートをした年齢（日本性教育協会, 2019より作成）

最も多く，おおよそ中学生の終わりくらいから特定の異性と出かけたりするようになっていた。また中学生から大学生を対象に「あなたは，いままでにデートをしたことがありますか？」に「ある」と回答した割合について，学校種別に検討したところ，学校段階が進むに従って，デートをする割合が増え，大学生ではおおよそ7割程度がデートの経験があった（日本性教育協会, 2019）。次に時代的変化に注目すると，約25年間，つまり親子世代に等しい期間で，大学生は異性とのデート経験が1割程度減り，逆に中学生は2倍近く割合が増えていた。異性関係は時代とともに少しずつ低年齢化し，逆に本来であれば異性に興味関心を抱く大学生では不活発になっているようである。

　髙坂（2011, 2013）によると，「恋人を欲しいと思わない青年（大学生）」は全体の20%程度存在し，その理由を自由記述で尋ねたところ，最も多く記述があったカテゴリーは「現状維持の希求」（恋人を必要と思わない，今は友だちと遊んでいる方が楽しい），次に「否定的イメージ」（連絡を取り合うのが面倒，長続きする気がしない）だった。さらに恋人を欲しいと思わない青年は，自我発達の程度が低く，無気力で，他者に配慮せず自分の判断で行動する独断性が高いことが示されている（髙坂, 2011）。

(2) 異性関係と自我発達

　自我発達を提示したエリクソンの理論における青年期の課題はアイデンティティの確立である（次節参照）。エリクソン（Erikson, 1959）は「適切なアイ

デンティティの感覚が確立されて初めて，異性との本当の親密さが可能になる」
「確実なアイデンティティの感覚が欠けていると，友情や恋愛関係でさえも，
互いを自己愛的に鏡に映し合うことによって『各自の』アイデンティティの曖
昧な輪郭を明確にしようとする」（恋人を自分を映す鏡としてしまい，自分に
自信がもてない部分を自分自身では解決せずに恋人からの評価によって補強し
ようとする）と述べている。恋愛は自分をしっかりと確立した上で健全に成り
立つと考えられる。

　また，異性関係は同性との友人関係を充分に経験した上で築くことも大事な
ことである。同性の友だちと親密な関係がもてずに異性と親密な関係がもてる
とはあまり考えられないだろう。またそもそも価値観や生活パターンが異なる
異性を受け入れて付き合っていくには，それまでの友人関係において互いに異
なる面を受け入れ，尊重する経験がないとスムーズには運ばない。

■ 2. エリクソンの自我発達理論

■ [1] ライフサイクル

　エリクソンは，人の誕生から死ぬまでの生涯発達を**ライフサイクル**と呼び，
乳児期から老年期までの8段階に設定した発達段階モデルを提唱した（第1章
も参照）。この発達段階モデルは，漸成的発達という発生学の考えを取り入れ
ている。漸成的発達とは，例えば人の形成過程において心臓形態の形成は受精
後2週から始まり7～8週には完成するように，身体の各器官が各々固有の発
生時期に沿って，段階を踏んで徐々に作り上げられていくことをいう。エリク
ソンは，人の心理社会的な発達も適切な条件が整えば，誰もが漸成的な法則に
沿って発達していくと仮定した。そして発達段階ごとに固有の発達課題を**漸成
的図式**（epigenetic chart）を用いて示した（図10-4：Erikson, 1997）。この
漸成的な発達法則は，人は誕生以来，さまざまな他者に出会い，各文化による
社会的習慣に触れ，そういった社会との相互作用を通して発達していくことを
前提として作成されている。

　漸成的図式では，右上に向かう対角線上の各段階において，成長を支える肯
定的な面と，試練を示した否定的な面の両方の危機が強調され，それぞれの段

		1	2	3	4	5	6	7	8
老年期	VIII								自我の統合 対 絶望 **英知**
中年期	VII							生殖性 対 停滞 **世話**	
前成人期	VI						親密 対 孤独 **愛**		
青年期	V					同一性 対 同一性混乱 **忠誠**			
児童期	IV				勤勉性 対 劣等感 **有能感**				
幼児期後期	III			自主性 対 罪悪感 **目的**					
幼児期初期	II		自律性 対 恥と疑惑 **意志**						
乳児期	I	基本的信頼 対 不信 **希望**							

図10-4　エリクソンの心理社会的危機の漸成図式（Erikson, 1997）

注）太字は各段階で獲得できる徳を示す。

階で危機に直面し，葛藤を解決していくことが成長にとって重要だと考えられている。図10-4のV-5では青年期において，肯定的な面として「**アイデンティティ（自我同一性）**」，否定的な面として「**同一性混乱**」が設定されている。各段階において人は，肯定的な面と否定な面の両方を経験するが，葛藤や試練に向かいながら否定的な面に勝る割合で肯定的な面を発達させ，危機的な段階を解決することによって心理的社会的順応を得て前進すると考えられている。そして，「好ましい割合」の産物として人間を包括的に成長させてくれる活力「徳（virtue）」を得るとしている（Erikson, 1997）。青年期ではそれは「**忠誠**」であるが，その意味は親から離れ，社会の中で生きていく自分，および他者を信頼する力のことであり，それを主張する自信とされる。また例えばV-5から上下の垂直部分に存在する空白は，その段階に到達する前からアイデンティティの危機が何らかの形で存在し，その段階が終わってもまたそれぞれの段階に適した形でアイデンティの危機が存在することを示している。

■ [2] アイデンティティの形成

　アイデンティティの説明に入る前に少し，エリクソンの生涯を見ていきたい。エリクソン（エリク H. エリクソン：Erikson, E. H.）は，ユダヤ系の母親のもとに，父親のいない子どもとして1902年にドイツで誕生した。3歳の時に母親の再婚相手であるユダヤ人の養父を得るが，「実の父親は誰か」という気持ちをもち続けて育った。1933年，ドイツでのナチスの台頭が顕著になると，エリクソンはアメリカ出身の妻とともにアメリカに移った。「…父親を知らず，…また，複雑な人種的，宗教的背景をもつ」と自らを称したエリクソンは，移住後に養父の名字であるホンブルガーから改名し，自分のエリクという名前に「ソン（son＝息子）」をつけ，名字をエリクソンとした。「私は自分自身をエリクの息子にしました。自分自身の創始者になる方がいいのです」と述べたという（Friedman, 2000）。エリクソンにとってその半生は，父親を知らないこと，祖国ではないアメリカで生活するということによって，「自分とは何か，自分はどこに属しているのか」という問いに長く向かい合うことになったといえる。

　アイデンティティというのは，エリクソンが向き合ってきた課題に等しく，「私たちが何者であり，何者になろうとしているのか」という感覚のことである。つまりエリクソンのアイデンティティの概念は，彼自身が背負った人生の危機とともに打ち立てられたといってもいい。エリクソンによればアイデンティティは，自分がほかの誰とも違う独自の存在であるという感覚（**斉一性**），および過去から現在にわたって自分が時間的に連続しているという感覚（**連続性**）があることが重要となる（Erikson, 1959）。そして「自分は自分である」という実感は，「自分は日本人である」「自分は○○という仕事をしている」といったことを含み，しかしそれは自分だけが納得していればいいわけではなく，他者や社会から是認されているものであり，他者に対する自己の存在の意味として自己と社会との相互性の中に位置づけられたものでなければならない。

　またこの段階における否定的な面はアイデンティティの混乱とされ，エリクソンは混乱のひどい状態として以下の4つを挙げている（Erikson, 1959）。

　①親密さの問題：友情や愛情を必要とする他者との関係を築くことに警戒し，緊張することによって自らが孤立するか，形式化した人間関係しか保てなくなる。逆に自分にとって危険な存在だと思われる人を拒否する能力

が弱く，人との適切な距離を取ることができない。

②時間的展望の拡散：過去，現在，未来にわたる自分の人生の実感に信頼感
　がもてず，無力感に陥ること。またそういった状況への不信感や恐怖心か
　ら，絶望感を抱くこと。

③勤勉さの拡散：自分の能力に対する不安から，必要な課題や仕事に集中で
　きない，もしくは1つのことに熱狂的になり自己破壊的な投入をすること。

④否定的アイデンティティの選択：家族や地域社会が適切で望ましいとして
　いる役割に対する敵意や軽蔑を示し，危険で望ましくないものに惹かれて
　同一視し，そこに自らの役割を見出すこと。

アイデンティティの形成は青年期の発達段階の危機として描かれているが，
その形成自体は生まれて個人が名前をつけてもらうことから始まっている。「自
分」ということをつかむ過程の中で，青年期は児童期までとは異なり，社会で
の役割や仕事等の選択や決心を自分自身でしなければならない段階に達する。
そういった意味で青年期のアイデンティティは特別な意味をもっている。もち
ろんその後も，就業や結婚，子育てなど，その都度自分自身の生き方と社会か
らの要請との間で「自分はこうある」ということを決めていかなくてはならな
い。青年期のアイデンティティが危機を乗り越えて確立されることは，今後の
発達段階での出来事をより主体的に安定的に取り組んでいけることにつながる
土台として重要な意味をもっている。

■ 3. 青年期における心理社会的問題

　すでに見てきたように，青年期は過度に自分や周囲に注意が向きやすくなる。
こういった状態が青年に心理的負担をもたらし，社会とのかかわりから遠ざ
かってしまうことがある。ここではそういった青年期に特徴的な心理社会的問
題について見ていく。

■ [1] 不 登 校

不登校が学校現場において問題として取り上げられるようになってから久し
い。学校に行かない児童生徒の報告は，日本では1950年代頃から見られるよう

になり，1970年以降「登校拒否」と呼ばれるようになった。その後，1980年代後半から人数が徐々に増加し，それとともに「学校に行くことを拒否している」のではなく，「学校に行きたくても行けない」という状態を含めて広く学校に行けない，あるいは行かないことを指して「不登校」という用語が使われている。文部科学省の調査でも1999年から「不登校」という名称を用いている。

　文部科学省は例年，「児童生徒の問題行動等生徒指導上の諸問題に関する調査」において，不登校の児童生徒数を発表している。ここでいう「不登校」とは，年間30日以上の欠席がある児童生徒の中で，「何らかの心理的，情緒的，身体的，あるいは社会的要因・背景により，児童生徒が登校しないあるいはしたくともできない状況にあること（ただし，病気や経済的な理由によるものを除く）」を指す。その現状を見ていくと（文部科学省，2020），不登校数は，2019（令和元）年度は小学校で53,350人（0.83％），中学生で127,922人（3.94％）となり，小学生では120人に1人，中学生では25人に1人の不登校生徒がいることになる。学年別に不登校の数を見ると，小学1年生から学年とともに増加し，特に小学6年生と中学1年生の間で不登校児童生徒数が2倍以上になっている。このように小学6年生と中学1年生との間で生徒指導上の問題が増加することを「中1ギャップ」という。もちろん，中学進学にともなう環境の変化によって問題が突然生じるわけではなく，その前の小学校段階において課題を抱えていた状況が中学校段階で顕在化するのであろう。学校段階間の環境移行において，どのような支援が有効なのかは考えていかなくてはならない課題である（第8章も参照）。

　ところでかつて不登校だった児童生徒は不登校経験をどのように捉え，その後どのような生活をしているのだろうか。2006（平成18）年度に不登校だった児童生徒に対して5年後に実施したインタビュー調査の結果（不登校生徒に関する追跡研究会，2014）では，不登校経験を振り返り，「行かないことも意味があった」という肯定的な回答は32.6％，「行けば良かったと後悔している」という否定的な回答は39.4％，「仕方がない又は考えないようにしている」という中立的な回答は28.1％という結果であった。また彼らのその後の進学状況を確認すると，高校進学率は85.1％，大学・短期大学・高等専門学校への就学率は22.8％，専門学校・各種学校への就学率は14.9％であった。これらの状況を

見ると，不登校児童生徒への支援で重要なことは，学校復帰を促すのみならず，さまざまな選択肢を提示し，長い将来を見据えた柔軟な支援をしていくことであるといえよう。文部科学省（2019）においても不登校児童生徒への基本的な考え方として，「学校に登校する」という結果のみを目標にするのではなく，児童生徒が自らの進路を主体的に捉えて，社会的に自立することを目指す必要があることを指摘している。

　不登校児童生徒への支援としては，市町村の教育委員会が設置している**教育支援センター**（適応指導教室とも呼ばれ，運動，体験活動，学習活動を小集団で行いながら社会体験の機会を提供している学校外の施設である（コラム11も参照）。そこでの出席は，基本的に在籍校での出席扱いになる），民間のフリースクールの利用が考えられる。

■ [2] ひきこもり

　「**ひきこもり**」とは，不登校や就労の失敗などをきっかけに，しばしば何年間もの長期にわたって自宅閉居を続ける人を指す言葉である（斎藤, 2020）。2000年前後から社会的事件との関連で取り上げられることが多くなり，現在日本が抱える社会問題の 1 つとなっている。ちなみに，「ひきこもり」とは「不登校」と同様に，医学的な診断名ではなく状態像を指している言葉である。その定義としては「様々な要因の結果として社会的参加（義務教育を含む就学，非常勤職を含む就労，家庭外での交遊など）を回避し，原則的には 6 か月以上にわたって概ね家庭にとどまり続けている状態（他者と交わらない形での外出をしていてもよい）を指す現象概念である」（齊藤, 2010）。

　内閣府（2016）は15〜39歳の若者（有効回答数3,115人）を対象に，「ひきこもり」状態にある者の状況に関する調査を行った。その結果，広義のひきこもり（家から全く出ない，またはコンビニや趣味の用事にしか出かけない状態が 6 か月以上続き，かつ統合失調症（次項参照），身体的病気，専業主婦等を除いた者）は49人（1.57％）であった。そうなると，日本の15〜39歳のひきこもり人口は，推計で54.1万人になるという。この結果ではひきこもりの割合は男性63.3％，女性36.7％，ひきこもりの状態になった年齢としては，20〜24歳が34.7％，15〜19歳が30.6％で，その継続期間は 7 年以上が34.7％と最も多かっ

周りの人に自分が変な人に思われているのではないかと不安になる

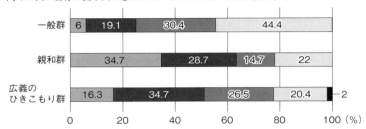

周りの人ともめごとがおこったとき，どうやって解決したらいいかわからない

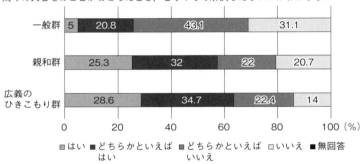

■はい ■どちらかといえば ■どちらかといえば □いいえ ■無回答
　　　はい　　　　　　いいえ

図 10-5　ひきこもりの人の特徴

た。つまり，ひきこもりは男性で多く，青年期後期または青年期を終える頃に始まり，一度ひきこもると長くひきこもり状態が続くようである。また小学校，中学時代に不登校を経験している人は30.6％であったことから，不登校児童生徒がひきこもりへと移行しないようにすることも重要であろう。

　この調査では，広義のひきこもり群とひきこもり親和群（ひきこもりを理解，共感し，自分も家に閉じこもりたいと思うことがある群：4.83％），一般群（93.6％）とを比較し，各群の特徴を示している（図10-5）。その結果から，広義のひきこもり群やひきこもり親和群は対人関係に過敏で，対人関係での問題解決が苦手であることが示唆される。社会環境に馴染めず，自信をもてないことを背景に社会参加ができなくなっていることが考えられる。

　また内閣府（2019）は，40〜64歳を対象としても同様の調査を実施している。そこでは広義のひきこもりは1.45％（推定数61.3万人）であった。つまり，ひ

きこもりは青年期から始まり，その後割合は低くならずに広く成人期を包含した問題であるといえる。最近では，ひきこもっていた子どもの側と支えていた親の側がともに高年齢化し，収入や介護など新たなリスクを抱えて5080問題（子が50歳，親が80歳という意味）として取り上げられている。

支援としては，厚生労働省が2009年より「**ひきこもり対策推進事業**」を創設し，各自治体に設定を要請した「**ひきこもり地域支援センター**」を中心に相談，訪問に応じている。また近年では若年者雇用対策に力を入れ，厚生労働省から委託されたNPO法人，株式会社が「**地域若者サポートステーション**」を運営し，働くことに悩みを抱える15～49歳までの若者に対して就労に向けた支援を行っている。支援の体制を整えても，なかなか改善できない現状があるが，ひきこもりの本人と家族が孤立しないように継続的な支援が重要である。

■ [3] 統合失調症

統合失調症は精神疾患の1つであり，医学的な診断名である。この病気は，青年期を中心に10歳代後半以降～20歳代後半に発症することが多い。有病率は国によって異なるものの0.3～0.7％と推定される（DSM-5：精神疾患の診断・統計マニュアル（米国精神医学会，2013）による）。日本の患者数は推定79.2万人であり（厚生労働省，2017），珍しい病気というわけではない。

統合失調症の症状としてよく知られているのは「実際には存在していないものを見たり，聞いたり（幻覚）する」ことである。診断基準（DSM-5, 2013）として，①妄想（現実にはありえないことを本当のことだと信じ込む），②幻覚（実際には存在しない知覚情報の体験），③まとまりのない思考（話の脱線，一貫性のない支離滅裂な会話，思考の停滞や途絶），④ひどくまとまりのない，または緊張病性の行動（子どものような愚かな行動から興奮した行動まで多様，またときに無反応で昏迷），⑤**陰性症状**（感情表出の現状，意欲の低下）が挙げられる。上記の①～④は**陽性症状**といわれ，発症後すぐに見られる症状であり，その後は陰性症状が主となる。また，妄想や幻覚の特徴として「他人が自分に対して悪い働きかけをしてくる」といった人間関係をテーマに，大切に考えていること，劣等感を抱いていることなど，本人の価値観や関心と関連していることが多いとされる（福田，2013）。

　発症の原因としては明確に明らかになってはいないが，まず脳内の神経伝達物質の異常が挙げられる。それ以外に個人がもつストレスへの脆弱性，さらに出生前の胎児期から発症までの環境（例えば胎児期のウィルス感染，アルコールや薬物乱用など）の影響が考えられている。

　治療の中心は精神症状を改善させるための薬物療法で，さらに病状の経過によってリハビリテーションとして作業療法や社会的スキル訓練が取り入れられる。多くの精神疾患の治療の目的は「発症前の状態に戻る」ことではなく，環境や自分のものの見方，考え方の調整を含め，生活しやすい状態を構築し直すことである。統合失調症の場合，再発しない状態を目指すことも重要となる。

　治療の結果，治癒に至る，もしくは軽度の障害を残すのみなど良好な予後の場合が50〜60％で，重度の障害を残す場合は10〜20％であるとされる（福田，2013）。病状に応じて就業や結婚，子育てなど充実した生活をする人も増えてきている。青年期後半での発症が多いため，就業や結婚など，社会での生き方を決める時期と発症とが重なることが少なくない。早期に治療を開始し，偏見なく社会での受け入れ体制を整えることが課題として挙げられる。

キーワード

ひきこもり対策推進事業：厚生労働省が2009年より設置した事業で，①ひきこもり地域支援センター設置事業（実施主体は都道府県・指定都市で，ひきこもりに特化した相談支援，および支援実施者からの相談対応），②ひきこもり支援に携わる人材の養成研修（支援の質の向上を目指した研修の提供），③ひきこもりサポート事業（実施団体は市区町村で，地域で利用可能な相談窓口，居場所づくりの提供）といった3つの事業から構成されている。

地域若者サポートステーション：「青少年の雇用の促進等に関する法律」の第23，24条（職業生活における自立の促進）に則って実施されている措置の1つで，就業に関する専門的な相談，コミュニケーション訓練などによるステップアップ，協力企業への就労体験など，就労に向けた支援を行っている施設（全国177か所）。対象年齢を15歳から39歳以下としていたが，2020年4月より49歳に引き上げられた。

■ 引用文献

American Psychiatric Association（2013）. *Diagnostic and statistical manual of mental disorders*（5th ed.）. Washington, DC： American Psychiatric Publishing.（米国精神医学会　髙橋三郎・大野　裕（監訳）（2014）. DSM-5精神疾患の診断・統計マニュアル　医学書院）

浅野智彦（2006）. 若者の現在　浅野智彦（編）検証・若者の変貌―失われた10年の後に―（pp. 233-260）勁草書房

遠藤　忠・長田　勇・櫻井　誠・高林直人（2017）. 現代の子どもの友人関係における特質　シティライフ学論叢, *18*, 36-53.

榎本淳子（2003）. 青年期の友人関係の変化―友人関係における活動・感情・欲求と適応―　風間書房

Erikson E. H.（1959）. *Identity and the life cycle*. Madison, CT： International University Press.（エリクソン, E. H. 西平　直・中島由恵（訳）（2011）. アイデンティティとライフサイクル　誠信書房）

Erikson, E. H., & Erikson, J. M.（1997）. *The life cycle completed*（Extended Version）. New York： Norton.（エリクソン, E. H., エリクソン, J. M. 村瀬孝雄・近藤邦夫（訳）（2001）. ライフサイクル, その完結　みすず書房）

福田正人（2013）. 統合失調症の基礎知識―診断と治療についての説明用資料　日本統合失調症学会（監修）統合失調症（pp. 25-36）医学書院

福重　清（2016）. 2000年代の都市青年の人間関係―友人関係をめぐる10年間の変化―　専修人間科学論集社会学篇, *6*, 113-120.

不登校生徒に関する追跡調査研究会（2014）. 不登校に関する実態調査―平成18年度不登校生徒に関する追跡調査報告書　文部科学省　https://www.mext.go.jp/a_menu/shotou/seitoshidou/1349956.htm（2020年3月30日）

Friedman, L. J.（2000）. *Identity's architect： A biography of Erik H. Erikson*. Boston, MA： Harvard University Press.（フリードマン, L. J. やまだようこ・西平　直（監訳）（2003）. エリクソンの人生　上―アイデンティティの探求者　新曜社）

保坂　亨・岡村達也（1986）. キャンパス・エンカウンター・グループの発達的・治療的意義の検討―ある事例を通して　臨床心理学研究, *4*, 15-26.

厚生労働省（2017）. 平成29年（2017）患者調査　厚生労働省　https://www.mhlw.go.jp/toukei/saikin/hw/kanja/17/index.html（2020年3月30日）

文部科学省（2019）. 不登校児童生徒への支援の在り方について（通知）https://www.mext.go.jp/a_menu/shotou/seitoshidou/1422155.htm（2020年3月30日）

文部科学省（2020）. 令和元年度児童生徒の問題行動・不登校等生徒指導上の諸課題に関する調査結果　文部科学省　https://www.mext.go.jp/content/20201015-mext_jidou02-100002753_01.pdf（2020年12月30日）

内閣府（2016）. 若者の生活に関する調査報告書　内閣府 https://www8.cao.go.jp/youth/kenkyu/hikikomori/h27/pdf-index.html（2020年3月30日）

内閣府（2019）. 生活状況に関する調査（平成30年度）　内閣府　https://www8.cao.go.jp/youth/kenkyu/life/h30/pdf-index.html（2020年3月30日）

日本性教育協会（2019）.「若者の性」白書　第8回　青少年の性行動全国調査報告　小学館

齊藤万比古（2010）. ひきこもりの評価・支援に関するガイドライン（厚生労働科学　研究費補助金こころの健康科学研究事業）厚生労働省　https://www.mhlw.go.jp/file/06-Seisakujouhou-12000000-Shakaiengokyoku-Shakai/0000147789.pdf（2020年3月30日）

斎藤　環（2020）. ひきこもり支援のためのパラダイムシフト　教育と医学, *68*, 117-124.

須藤春佳（2008）. 前青年期の親しい同性友人関係"chumship"の心理学的意義について―発達的・臨床的観点からの検討―　京都大学大学院教育学研究科紀要, *54*, 626-638.

須藤春佳（2012）. 女子大学生が振り返る同性友人関係：前青年期から青年期を通して　神戸女学院大学論集, *59*, 137-145.

Sullivan, H. S.（1953）. *The interpersonal theory of psychiatry*. New York： Norton.（サリヴァン, H. S. 中井久夫・宮崎隆吉・高木敬三・鑪　幹八郎（訳）（1990）. 精神医学は対人関係論である　みすず書房）

髙坂康雅（2011）. "恋人を欲しいと思わない青年"の心理的特徴の検討　青年心理学研究, *23*, 147-158.

髙坂康雅（2013）. 青年期における"恋人を欲しいと思わない"理由と自我発達との関連　発達心理学研究, *24*, 284-294.

コラム10　インクルーシブ教育と合理的配慮

　文部科学省（2012）によると，小・中学校の通常学級において，「知的発達に遅れはないものの，学習面または行動面で著しい困難を示している」と担任教員が回答した児童生徒の割合は6.5％であった。この数字は10年前の調査と同様の値であり，概ねこのような割合で支援の必要な児童生徒が在籍していることが明らかとなった。同様の調査は米国や英国でも1970・80年代頃から行われており，法整備もともなって支援方策の拡充が行われている。このうち特に重要なものは，英国において施行された1981年教育法である。米国の障害者教育法では精神遅滞や聴覚・言語・視覚障害など，支援の対象となる障害カテゴリをその都度定義し直して改訂されているが，1981年教育法ではカテゴリに基づく支援を撤廃し，「特別な**教育的ニーズ**をもつ児童生徒（特別な教育的手立てを必要とするほどに学習における困難さをもっている児童生徒）」を広く対象とすることを定めている。

　このように教育場面での児童生徒の多様性と，それらへの個別の支援の必要性が認識されるなか，1994年にユネスコのサラマンカ宣言で「**インクルーシブ教育**」が提唱された。これはインクルージョン，すなわち多様な人々が対等にかかわり合いながら一体化する状態を指す考え方がもとになっている。それを教育にも応用し，人間を人種・民族・宗教・性別・年齢・能力などの違いで区別せずに包含し，障害をもつ人々に対しても，教育における機会を保障すべきだという発想である。

　この流れに呼応する形で，わが国においても特に**発達障害**をもつ児童生徒への支援を中心に，インクルーシブ教育を行うための法整備が進められた。具体的には2006年の学校教育法の改訂によって，支援の対象が「発達障害などの傾向により生活や学習上に困難のある，通常の学級に在籍する児童生徒」と拡大され，支援の方針も「**特別支援教育**，すなわち障害のある児童生徒一人ひとりの教育的ニーズに応じて適切な教育的支援を行う」と転換された。このことで支援対象となる児童生徒が広がるとともに，通常学級も障害をもつ児童生徒のための教育の場であると捉え直され，何よりも1人1人に合わせた教育をするという大前提が確認されたのである。

　実際の支援として，まず個々の児童生徒がもつ特別な教育的ニーズの理解と個別支援が行われる。ここでは行動療法（特に応用行動分析）を用いた介入が主に行われる。加えて学校生活・授業の**ユニバーサルデザイン**化も行われ，全ての児童生徒が過ごしやすく学びやすい環境の最大限の構築が行われる。具体的には授業のねらいを明示し，板書時にチョークの色を変えて強調表示する「ひきつける」刺激の呈示や，言語化・共有化の課題を出して「実感させる」機会をつくることなどが実践されている（阿部，2017などを参照のこと）。

　さらにこの考え方を促進するため，2016年施行の「障害を理由とする差別の解消の推進に関する法律」により，**合理的配慮**の取り組みが推進された。これは過度な負担とならない形で「社会的障壁」を減らすことであり，障害をもつ児童生徒が平等に「教育を受ける権利」を享有・行使するために，学校が必要かつ適当な変更・調整を行うことである。具体的には，書きに障害をもつ（学習障害をもつ）人が授業内容をICレコーダーで録音で

きるよう機器を整備したり，レポートの提出期限を延長したりすることがある。注意欠如・多動性障害をもつ人について，注意が散漫にならないよう一番前の席に変更することも含まれる。また性同一性障害をもつ人に対して通称を認めることや，何らかの病気のために活動範囲が制限されている人に対して，ICTを活用してコミュニケーションの機会を提供することも含まれる。このように支援体制の構築だけでなく，施設や設備，教育内容・方法・評価の改善も含んで幅広く実践されている。

とはいえ，課題もある。例えば合理的配慮を受けるには「障害者から現に社会的障壁の除去を必要としている旨の意思の表明」が必要である。しかし自明ではない場合（例えば児童生徒が発達障害をもつ場合）に，その特別なニーズをもつ者およびその周囲の者が，配慮の必要性を適切に自覚し表明できるわけではない。もちろん，その必要性が自明な場合は表明を待たずに支援が行われるが，配慮の適格性の検討が十分になされないまま，こぼれ落ちてしまう可能性も考えられる。

ここで重要となるのは，周囲の学校関係者が個々の児童生徒に対して適切に**アセスメント**を行うことである。石隈（1999）によると児童生徒の学習面，言語・運動面，心理・社会面，進路面，健康・感覚面，生活面の6側面を評価することが肝要である。さらに児童生徒の家族の特性についても理解することが有益である。これらを念頭におきながら児童生徒とかかわることによって，いま目の前にいる個々の児童生徒がどのような状況にあり，どのような困難さを抱えているのかが少しずつ見えてくる。さらに支援や合理的配慮を行う上では，その児童生徒が属する学校組織のあり方，学校がおかれている地域の特性についても十分に理解することで，より効率的な支援体制が構築されるであろう。

引用文献
阿部利彦（2017）．通常学級のユニバーサルデザイン　スタートダッシュ　Q&A55東洋館出版社
石隈利紀（1999）．学校心理学―教師・スクールカウンセラー・保護者のチームによる心理教育的援助サービス　誠信書房
文部科学省（2012）．通常の学級に在籍する発達障害の可能性のある特別な教育的支援を必要とする児童生徒に関する調査結果について　https://www.mext.go.jp/a_menu/shotou/tokubetu/material/1328729.htm（2020年3月31日）

成人期

11

◎ **本章のポイント**
　成人期では，就業，結婚，出産などのライフイベントがある。それらライフイベントの経験や選択により，個人がたどるライフコースも多様である。本章では，人生の分岐点となる成人期の発達について，以下のことを理解していく。
・職業生活や家庭生活で揺れる，成人期のアイデンティティの特徴を理解する。
・職業を中心としたキャリア発達理論や，実践経験による熟達化を理解する。
・結婚，出産，育児に関連した，個人および家族の発達的特徴を理解する。
・教育職・心理職としてのキャリア発達や，成人期で見られる発達上の問題に対する支援や対処について考える。

1. 成人期の発達の特徴

　ヒトは，身体的成熟や経済的自立を迎えて，成人期に入る。成人期は，およそ20歳代から65歳頃であり，他の発達段階と比べて長い。成人期の特徴を見ると，就職，結婚，出産や子育て，親の介護や死別などのライフイベントで生活環境が変化する。さらに，加齢による体力や身体感覚の衰え，体調不良や罹患率の上昇など，マイナス方向の身体的変化も始まる。これらの変化は，成人期における心理的発達とも密接に関連している。

　エリクソン（Erikson, E. H.）の自我発達理論（第1章，第10章参照）によると，成人期初期（20〜30歳代頃）は「**親密 対 孤独**」（徳は「**愛**」）の段階で，自分のアイデンティティを保ちながら，夫婦や職場の人と安定した信頼関係を築いていく。後の成人期（40〜65歳頃の中年期）は「**生殖性 対 停滞**」（徳は「**世話**」）の段階で，家庭や職場で若い世代を育成したり，自分の功績を次世代に遺したりして，社会的責任を果たしていく。

　成人期の葛藤を乗り越えるには，青年期に獲得した「個としてのアイデンティ

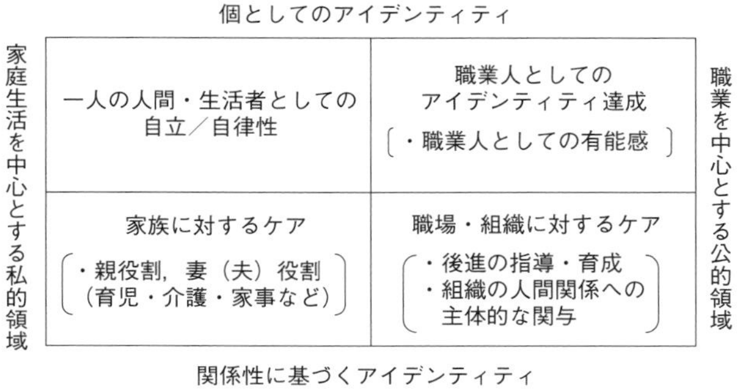

個としてのアイデンティティ

| | 一人の人間・生活者としての
自立／自律性 | 職業人としての
アイデンティティ達成
〔・職業人としての有能感〕 | |
| 家庭生活を中心とする私的領域 | 家族に対するケア
〔・親役割，妻（夫）役割
（育児・介護・家事など）〕 | 職場・組織に対するケア
・後進の指導・育成
・組織の人間関係への
　主体的な関与 | 職業を中心とする公的領域 |

関係性に基づくアイデンティティ

図 11-1　成人期のアイデンティティの領域（岡本, 2002）

ティ」が土台となる。加えて，成人期では，家庭，会社組織，地域社会との関係を保持して発達させる「関係性に基づくアイデンティティ」が獲得される（図11-1）。関係性に基づくアイデンティティは，他者や社会情勢の影響によって変化しやすく，それにともなって個としてのアイデンティティも再構築される。例えば，子どもの出産によって親の責任を自覚し，子どもの成長が自分の生き甲斐になることもある。さらに，家族の時間を作るため，仕事の目標や取り組み方を変えることもある。成人期では，さまざまな変化の中で，各領域のアイデンティティをバランスよく統合することが大切といえる。

■ 2. キャリア発達

　人は，働くことで社会とかかわり，自分らしい生き方を見つけていく。この自己概念の形成過程が，**キャリア発達**である。心理学におけるキャリアには，①環境の中で生じる個人の役割や仕事（人と環境の相互作用の結果），②生涯にわたって経験して積み重なるもの（時間的流れ），③さまざまな役割や環境が相互に影響し合うもの（空間的広がり），④自立的・主体的な生き方や働き方（個別性）という意味が含まれている（渡辺, 2018）。この定義にある「環境」は，職業に限らず，家庭，学校，市民活動の場なども含まれている。

■ [1] キャリア発達の理論

　スーパー（Super, D. E.）は，ヒトが生涯に果たす役割（ライフロール）を，子ども，学生，職業人，余暇人，市民，家庭人に分け，ライフステージに沿って複数の役割を並行しながら自己概念が形成されるとした（Super, 1990）。そして，キャリア発達の様相や変化を**ライフキャリア・レインボー**で示した（図11-2）。成長期（0～14歳）の誕生直後は子どもの役割が大きいが，成長や生活環境の広がりにより，勉学に励む学生の役割や，空いた時間に好きなことを楽しむ余暇人の役割も大きくなる。そして，自己概念を形成する中で，職業への興味や能力の探求が始まる。探索期（15～24歳）では，学校，余暇，アルバイトなどの活動を通して自分に適した職業を模索していく。確立期（25～44歳）では，他の役割とのバランスをとりながら職業人としての安定した地位を築き，維持期（45～64歳）まで保持していく。なお，維持期で親の介護が生じると，親の世話をするために子どもの役割が再び大きくなる。衰退期（65歳以上）では，退職して職業人の役割がなくなり，他の役割にエネルギーを費やしていく。とりわけ，スーパーはキャリア発達において，職業に関する個人の能力やパーソナリティからなる**職業適合性**（vocational fitness）と，環境（職場で求める

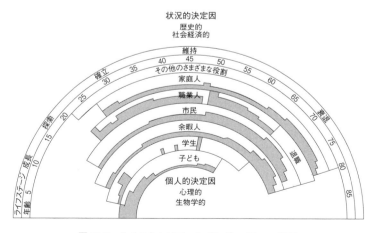

図 11-2　ライフキャリア・レインボー（Super, 1990）
注）黒塗り部分は役割に費やすエネルギーが移行する例を示している。

人材，社会経済情勢など）とのマッチングが，職業上の適応を高めるとした。

　この職業適合性と関連して，ホランド（Holland, J. L.）の**職業選択理論**では，パーソナリティ（職業興味）を6つの領域に分け（現実的，研究的，芸術的，社会的，企業的，慣習的），これらのパーソナリティが遺伝的素因と幼少期からの環境（家庭，学校，友人関係など）によって発達するとした（Holland, 1997）。特に，ホランドは個人のパーソナリティと環境が適合するように支援するカウンセリング実践を重視していた。この理論をもとにホランドが開発した**VPI職業興味検査**（Vocational Preference Inventory）は，自分の職業適性の理解やキャリア選択を支援するためのツールとして広く用いられている。

　さらに，スーパーやホランドの指導を受けたサヴィカス（Savickas, M. L.）は，両者の理論を統合しつつ，激しく変化する環境や時代にも対応しながらキャリアを形成するという**キャリア構築理論**を提唱した（Savickas, 2011）。キャリア構築理論では，自己を形成する一連のストーリーと，キャリアの意味づけに重点をおき，以下3つの概念からキャリア発達を説明している。職業パーソナリティ（vocational personality）は，職業に関する自分の能力や価値観などの主観的な解釈であり，「何の職業が自分に合うのか（what）」の概念である。キャリア・アダプタビリティ（career adaptability）は，職業上の課題や移行に対処するための準備性（レディネス）であり，「環境変化に応じて，どのように職業を選択し，適応していくのか（how）」の概念である。ライフテーマ（life theme）は，職業の選択や行動への意味づけであり，「なぜ働くのか（why）」の概念である。キャリアカウンセリングでは，クライエントが語る過去−現在−未来のストーリーの意味を査定・統合し，ライフテーマを明確化して，個人のキャリア選択の幅や決断力を高めていく。

■[2] 熟達化

　就職したばかりの初心者は，失敗しながらも少しずつ仕事を覚え，実践経験を重ねて成長していく。ある領域で長い経験を積み，その領域で優れた遂行をする者を熟達者という。そして，熟達者がもっている実践に関する知性を**実践知**（practical intelligence）といい，この実践知を獲得する学習過程を**熟達化**（expertise）という。職業における熟達化は，職業人としてのアイデンティティ

達成，部下・後輩の育成，組織の発展などの土台となるため，成人期のキャリア発達において大事な要素となる。

　熟達者の種類は，決まった手続きの作業や仕事をより速く正確に遂行できる**定型的熟達者**（routine expert）と，状況に応じた柔軟な判断や対応ができる**適応的熟達者**（adaptive expert）に大別される（波多野・稲垣, 1983）。バーテンダーの例を考えてみよう。カクテル作りを覚えた新人（定型的熟達者）はレシピ通りのカクテルならば手際よく作れるが，レシピにない注文には対応できない。一方で，経験豊富なバーテンダー（適応的熟達者）は，客の様子を観察し，味の好みを尋ねつつ，リキュールなどの調合を考えていく。この適応的熟達者は，カクテル作りの手続き的知識だけでなく，リキュールの特徴や調合，グラスや注ぎ方による味の変化についての概念的知識も有している。そのため，手続き的知識と概念的知識を結束させ，柔軟に対応しながら客の要求に合うカクテルを作ることができる。

　また適応的熟達者の特徴には，メタ認知の高さも挙げられる（波多野・稲垣, 1983）。適応的熟達者は，自分の不十分な点を把握し，さらなる目標を設定して熟達化を進める。ほかにも熟達化の促進要因には，新しい状況への挑戦性や柔軟性，過去の経験や未来の見通しに関する省察，合理的に分析する批判的思考力などがある（楠見, 2012）。

　この熟達化は，その個人がよく考えて実践（練習）することはもちろん，その個人が参加する実践共同体（職場）によっても支えられている。例えば，共同体に参加した初心者は，雑務などの重要度の低い仕事から担当し，先輩や上司の仕事を見て学習していく（周辺的参加）。そして，自分の熟達化につれて，重要度の高い中心的な仕事を担っていく（十全的参加）。この周辺的参加から十全的参加へ移行プロセスは**正統的周辺参加**（legitimate peripheral participation）と呼ばれる（Lave & Wenger, 1991）。この正統的周辺参加による熟達化にともない，仕事内容や職場での役割が変わることで，個人のアイデンティティの変容が生じるとされている。

■ 3. 家　　族

■ [1] 結婚と夫婦関係

(1) 結　　婚

　結婚とは，広義に捉えると夫婦関係を形成することである。進化的観点から見ると，一夫一妻となる動物は少ない。霊長類でも，テナガザルは一夫一妻であるが，ゴリラは一夫多妻，チンパンジーやボノボは乱婚である。蔦屋(2019)によると，基本的にヒトは男女ペアを作り，長期にわたって配偶関係を維持する。ヒトの場合は発情期がなく，女性の排卵期が外見的にわからないため，男性は子孫を残すためにも常にペアの女性と一緒にいる必要がある。また，繁殖の目的に限らず，ヒトが男女ペアを維持する理由には快楽やコミュニケーションを目的とした性行為なども考えられている。

　結婚の形態や規範意識は，時代や文化によって異なる。明治時代，日本では家制度によって，妻は家長である夫に従い支配されていた。現代は恋愛を経て夫婦となり，経済面・精神面で助け合いながら生活することが一般的となった。また，事実婚や同性婚など，結婚の形態も多様化している。現代の夫婦関係は，愛情や信頼に基づいた親密性でのみ成立するのではなく，機能性(生活の安定，子どものためなど)や，義務感・規範意識（結婚した以上，相手に責任をもつなど）などの機能により維持されている（伊藤, 2015)。

(2) 夫婦のコミュニケーション

　図11-3は，中高年期夫婦の回想による夫婦関係満足度の推移である。男性（夫）の満足度は結婚当初～定年後まで緩やかに減少するが，女性（妻）の満足度は子育て期に急激に低下する。ほかにも，子どもの妊娠8か月から生後3年までの夫婦関係を追った縦断研究では，夫と妻のいずれも相手に対する親密性が生後2年目に低下した（小野寺, 2005)。これらの変化は，妻では「子どもの育てにくさ」「夫の育児参加の少なさ」，夫では「自身の労働時間の長さ」「妻のイライラ」によって生じているようであった。この夫婦関係満足度や相手への親密性の低下が著しい場合，離婚に至ることもある。

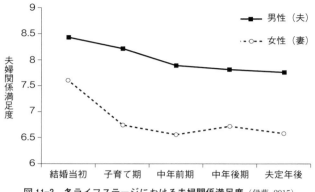

図 11-3　各ライフステージにおける夫婦関係満足度（伊藤, 2015）

注）夫婦関係満足度の得点範囲は1-10である。

　円満な夫婦関係を維持するポイントの1つは，夫婦間コミュニケーションを意識的に増やすことであろう。例えば，優しい言葉かけや悩み相談を相互に行う夫婦は，夫婦関係満足度も高く，離婚を考える程度も低い（平山・柏木, 2004）。特に，夫は家事や育児に参加するよりも，妻に対して情緒的サポート（優しく妻の悩みを聞くなど）をする方が，妻のストレス低減に有効とされている（稲葉, 2005）。

(3) ワークライフバランス

　近年では，収入の確保や自身のキャリアなどを理由に，共働きの夫婦が増えている。その中で，仕事と生活の調和（**ワークライフバランス**）は，夫婦関係や家族関係を適切に保つための課題の1つとなる。仕事と家庭の多重役割を考える際，心理学では**スピルオーバー**（spill-over）と**クロスオーバー**（cross-over）という概念が用いられる（島津, 2014）。

　スピルオーバーは，仕事または家庭の役割が他方の役割に影響することであり，その性質と方向によって4パターンに分類される（図11-4）。例えば，妻が仕事にのめり込む程度が高い場合，ネガティブ・スピルオーバー（仕事→家庭）が生じて，妻自身が評価する夫婦関係満足度が低くなる（伊藤ら, 2006）。

　クロスオーバーは，夫婦の一方に生じた問題が他方に影響することである。

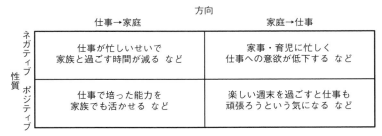

図 11-4　スピルオーバーの 4 パターン（島津, 2014）

例えば，妻のパートタイムでの仕事量が多いと，夫の夫婦関係満足度や幸福感が低くなる（伊藤ら, 2006）。これは，妻の就労が夫に自分の収入の低さを自覚させ，さらに妻から仕事の不満や多忙さを訴えられて，夫の不全感が高まったと考えられる。

■ [2] 親になること

　哺乳動物は，妊娠・出産・授乳などによって，身体的に変化が生じる。この期間に変化する脳内物質の 1 つが**オキシトシン**（oxytocin）である。オキシトシンは，肌のふれあいにより脳の視床下部で生成されるホルモンであり，男女ともに生成される。特に女性では，妊娠後にオキシトシンが少しずつ増加していき，分娩で子宮収縮（陣痛）を促す時や，授乳する時に高いレベルとなる（図11-5）。

　オキシトシンは，愛情や愛着行動を促進し，不安やストレスを低減する（Scatliffe et al., 2019）。生後 2 ～ 9 か月児をもつ母親のオキシトシン変化量（授乳前後）と表情検出の関連を見ると，授乳後のオキシトシン変化量の高い母親は，うれしい表情検出の正確性が上昇し，怒り表情検出の正確性が低下した（Matsunaga et al., 2020）。この結果に基づくと，母親は乳児の微笑みに敏感に反応して愛着行動を促進し，乳児の癇癪に対して鈍感になりストレスを低減すると考えられる。一方で，オキシトシンには，他者から挑発的刺激（無視，失礼な態度など）を受けた時に攻撃性を高める効果もある（Denson et al., 2018）。それゆえに，オキシトシン値の高い子育て期の母親は感情が揺れやすく，夫の優しい言動に愛情を感じやすいが，無配慮な言動に不満を感じやすく攻撃的になりやす

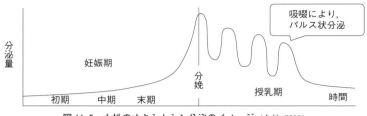

図 11-5　女性のオキシトシン分泌のイメージ（久納，2019）

いのかもしれない。

　また，親になることの心理的変化を実感する人は多い。親になってからの心理的変化を尋ねた質問紙調査では，親自身の柔軟さ，自己抑制，視野の広がり，自己の強さなどの主観的評価が向上していた（柏木・若松，1994）。親になった人の多くは，出かける場所（育児サークル，保健所など）や購入物（玩具，絵本など）が子ども中心になる。親の心理的変化の背景には，「自分」から「子ども」への生活主体の移行があるのだろう。

■ [3] 家族システムとその発達

　現代は家族の形態もさまざまであり，夫婦やその子どもで構成される核家族，複数の家族で構成される複合家族，ひとり親家庭，再婚や事実婚により非血縁関係の親子で構成される家族（ステップファミリー）などがある。そのため，家族の定義は個人の認識や語られる文脈によって異なり，多様で可変的なものとなっている（中釜，2019）。

(1) 家族システム

　家族の機能を考える際，家族全体を 1 つのまとまったシステムとして捉える**家族システム理論**（family systems theory）が用いられる。家族システム理論の視点は，1950年代にベイトソン（Bateson, G.）によって取り入れられ，家族療法や心理援助全体に影響を与えた（中釜，2019）。家族システムは，夫婦，親子，同胞（兄弟）などのサブシステムからなり，各サブシステムが循環的に影響し合う。例えば，夫婦と子ども 2 人の核家族で，子育てで母親が苛立って

表 11-1　家族のライフサイクル（McGoldrick et al., 2016）

段階	移行期の感情的プロセス：必要な態度	発達を進めるためのシステムの第二次課題／変化
若い成人の巣立ち	自己への感情的・経済的責任の受容	a．最初の家族関係からの自己分化 b．親密な仲間関係の発展 c．就職と経済的自立における自己の確立 d．コミュニティや社会における自己の確立 e．自分の世界観，スピリチュアリティ，信仰，自然とのつながりの確立 f．若い成人との関係において親が相談役に移行
夫婦の形成：家族の結合	新しい拡大システムへのコミットメント	a．夫婦システムの形成 b．新しいパートナーと拡大家族を含む家族境界の拡張 c．夫婦，両親や兄弟，拡大家族，友人，コミュニティの中での関係の再調整
幼い子どもがいる家族	システムへの新メンバーの受容	a．子どものスペースを作るための夫婦システムの調整 b．子育てと経済的・家事的な仕事の協働 c．親や祖父母の役割を含む拡大家族での関係の再調整 d．新しい家族構造や関係を含むコミュニティや社会システムでの関係の再調整
青年期の子どもがいる家族	子どもの自立や祖父母の老いを許容する家族境界の柔軟さ	a．青年がより自立した活動や関係をもつことを許容する親子関係へと移行 b．青年がコミュニティとの関係を交渉することを家族が援助 c．中年夫婦やキャリアの問題への再焦点化 d．高齢者のケアに向けた移行の開始
子どもの巣立ちと中年期への移行	さまざまなシステムの出入り口の受容	a．二者関係としての夫婦システムの再交渉 b．親と成長した子どもにおける大人同士の関係の発達 c．姻戚や孫を含む関係の再編成 d．家族関係の新しい集団を含めたコミュニティでの関係の再調整 e．子育ての責任から自由になることでの新しい興味やキャリアの探求 f．健康上の問題，障害，親（祖父母）の死への対処
中年期後期の家族	世代役割が移行することの受容	a．身体的衰えに直面した自分自身や夫婦の社会的機能や関心の維持・修正：新しい家族的・社会的役割の探索 b．中年世代がより中心的役割を担えるように支援 c．高齢者の知恵や経験を活かす機会をシステム内に作成 d．過剰に機能しないような老年世代への支援
終末期を迎える家族	家族成員の限界と死の現実，人生の１つのサイクルの完結を受容	a．配偶者，きょうだい，友人の喪失への対処 b．死と遺物の準備 c．中年世代と老年世代のケアにおける役割交代の対処 d．変わりゆくライフサイクル関係を受容するための，コミュニティや社会システムとの関係の再調整

いたとする。その背景には，母子関係の問題（親子サブシステム）だけでなく，夫婦仲が悪く夫に頼れない（夫婦サブシステム），兄弟のケンカが絶えない（同胞サブシステム）などの問題もあるかもしれない。また，母親の苛立ちが夫や子どもたちに悪影響を及ぼしている可能性もある。家族内で問題を抱える人がいた場合，その問題を個人だけに帰するのではなく，家族システム上の問題として捉えて支援する必要がある。

(2) 家族のライフサイクル

　マクゴールドリック（McGoldrick, M.）とカーター（Carter, B.）は，家族成員間の関係性やサブシステムの役割は時間とともに変化すると考え，家族のライフサイクルを7つの段階に分けて説明した（表11-1）。各段階では，移行期に見られる感情的プロセスと，発達に必要なシステムの変化や課題を示している。つまり，家族発達の移行期には，家族システムの変化が求められ，個人や家族全体にストレスや葛藤をもたらす。家族システムの変化に対応できない場合，家族成員は高ストレス状態となり心理的問題が生じるのである。

■ 4. 成人期の発達上の問題

■ [1] 職業生活で生じる問題

　仕事での入社，異動，昇進などの節目には，**リアリティ・ショック**が生じる。リアリティ・ショックは，自分が抱く期待と仕事の現実とのギャップによる驚きや抵抗感である。特にキャリア初期の個人はリアリティ・ショックを感じやすい。自分の職業適性や職場環境などでリアリティ・ショックを感じると，自ら離職する場合もいる。離職後，転職して新たなキャリアを形成する者もいれば，定職に就かずニートやひきこもりになる者もいる。

　一方で，過度に働き続けることで生じる問題もある。**燃え尽き症候群**（burn-out）は，献身的に仕事へ没頭する過程で，長期にわたって解決困難な課題にさらされ，極度の心身疲労や意欲低下などが生じる症状である。燃え尽き症候群は，看護職，教育職，心理職などの対人援助職に多い。例えば教師の場合，理想の教師像を抱いて仕事に専念するが，業務の多忙さや，いじめや不登校な

どの解決困難な問題に直面しやすく，理想通りの職務ができないことが多い。その結果，身体疾患や精神疾患に罹患し，自殺や過労死に至るケースもある。教師のバーンアウトを防ぐためには，学校組織の管理体制の整備や，心理的に支え合える同僚との関係構築などが有効である（貝川, 2009）。

■ [2] 出産・育児で生じる問題

　ヒトは生理的早産で誕生するため（第2章参照），育児にとても手がかかる。そのため，ヒトはコミュニティを形成して，祖父母や兄弟，さらには非血縁者が一緒になって**共同養育**を行う。このように進化したヒトの育児の性質は，現代社会でミスマッチを起こしている。20世紀に核家族化が進み，共同養育で分散していた子育ての苦労が母親1人に集中しており，過去に比べて母親のストレスは増大していると考えられる。育児で生じる親のストレスは**育児ストレス**といい，育児で感じる親の主観的な不安や困難感は**育児不安**という。特に周産期の母親は，ホルモンバランスや生活環境の変化でストレスや不安を感じやすく，うつ病を発症しやすい。例えば，**マタニティーブルーズ**（baby blues）は出産後の涙もろさや抑うつの症状であり，1～2週間程度で治まる。しかし，出産後2週間以上症状が続く場合は**産後うつ病**（Postpartum depression/Postnatal depression）となる。なお，DSM-5では妊娠中から産後4週以内に発症したうつ病を周産期発症と呼ぶ。

　産後うつ病の発症には，遺伝的・生理学的要因（オキシトシン分泌量やストレス耐性の個人差など），心理社会的要因（育児や生活に対するストレス，対人関係の質やサポートの程度など）が複雑に影響している（Yim et al., 2015）。産後うつ病の有病率を調べた研究（Hahn-Holbrook et al., 2018）では，56か国全体の有病率が17.7%であった。国家間で有病率の違いが見られ，シンガポール（3%），ネパール（7%），オランダ（8%）は低く，チリ（38%），南アフリカ（37%），香港（30%）は高かった（日本は15%）。この有病率の違いは，国内の所得格差や女性のフルタイム労働率の高さ，医療サービスの悪さから生じていた。産後うつ病の予防には，育児支援や家庭の経済的支援など，母親が安心して育児に取り組める環境の整備が必要といえる。

■ [3] 中年期で生じる問題

　中年期は，身体機能の衰え，家族システムの変化，職場上の地位や環境の変化によって心理的危機が生じやすく，不安や喪失に応じたアイデンティティの再体制化が求められる。このような中年期に生じる心理的危機を，**中年期危機**（middle age crisis）と呼ぶ。

　エリクソンの理論を拡張したペック（Peck, 1968）は，中年期の発達課題を，①「知恵の尊重 対 体力の尊重」（衰える体力より知恵を尊重できるか），②「社会的人間関係 対 性的人間関係」（性機能の衰えにともない，異性を性的対象から仲間として価値づけできるか），③「感情的柔軟さ 対 感情的貧困さ」（子どもの自立や身近な人の死に直面した時，感情エネルギーを他の人や活動に移せるか），④「精神的柔軟さ 対 精神的頑固さ」（培った経験や考え方に固執せず，柔軟に考えられるか）に分けた。中年期危機と関連する問題には，子どもの自立や親役割の喪失で生じる空虚感や抑うつ症状（**空の巣症候群**），子どもの自立後に夫婦関係の修正や維持ができずに生じる**熟年離婚**などがある。

キーワード

　生殖性（generativity）：成人期の発達課題にある生殖性は，"generation"（世代）と "creativity"（創造性）を組み合わせたエリクソンの造語であり，①次世代を生み育て，次世代の成長に関心を注ぎ関与すること，②ものを創造すること，③他者を支えることなどを含む広い概念である。「世代継承性」と訳される場合もある。

　ライフコース（life course）：個人が生涯にわたって描く人生の道筋である。ライフコースは個人が実際に経験したさまざまな出来事や社会的役割を考慮しており，多様な人生パターンを説明しようとする概念である。類似した言葉にライフサイクルがあるが，これは人の誕生から死までの規則的変化の過程を説明しようとする点で，異なる概念である。

■ 引用文献

Denson, T. F., O' Dean, S. M., Blake, K. R., & Beames, J. R. (2018). Aggression in women : behavior, brain and hormones. *Frontiers in Behavioral Neuroscience, 12,* 81. https : // doi : 10.3389/fnbeh.2018.00081

Hahn-Holbrook, J., Cornwell-Hinrichs, T., & Anaya, I. (2018). Economic and health predictors of national postpartum depression prevalence : A systematic review, meta-analysis, and meta-regression of 291 studies from 56 countries. *Frontiers in Psychiatry, 8,* 248. https : // doi.org/10.3389/fpsyt.2017.00248

波多野誼余夫・稲垣佳世子（1983）．文化と認知—知識の伝達と構成をめぐって—　坂元　昂（編）　現代基礎心理学　第7巻　思考・知能・言語

平山順子・柏木惠子（2004）．中年期夫婦のコミュニケーション・パターン―夫婦の経済生活及び結婚観との関連― 発達心理学研究, *15*, 89-100.

Holland, J. L. (1997). *Making vocational choices : A theory of vocational personalities and work* (3rd ed.). Odessa, FL : Psychological Assessment Resources.（ホランド, J. L. 渡辺三枝子・松本純平・道谷里英（訳）（2013）．ホランドの職業選択理論―パーソナリティと働く環境― 一般社団法人雇用問題研究会）

稲葉昭英（2005）．家族と少子化 社会学評論, *56*, 38-54.

伊藤裕子（2015）．夫婦関係における親密性の様相 発達心理学研究, *26*, 279-287.

伊藤裕子・相良順子・池田政子（2006）．職業生活が中年期夫婦の関係満足度と主観的幸福感に及ぼす影響――妻の就業形態別にみたクロスオーバーの検討 発達心理学研究, *17*, 62-72.

貝川直子（2009）．学校組織特性とソーシャルサポートが教師バーンアウトに与える影響 パーソナリティ研究, *17*, 270-279.

柏木惠子・若松素子（1994）．「親になる」ことによる人格発達：生涯発達的視点から親を研究する試み 発達心理学研究, *5*, 72-83.

久納智子（2019）．周産期におけるオキシトシン値の変化と母親役割獲得過程の関連 心身健康科学, *15*, 42-47.

楠見 孝（2012）．実践知の獲得―熟達化のメカニズム― 金井壽宏・楠見 孝（編）実践知―エキスパートの知性― (pp. 33-57) 有斐閣

Lave, J., & Wenger, E. (1991). *Situated learning : Legitimate peripheral participation.* Cambridge : Cambridge University Press.（レイヴ, J.・ウェンガー, E. 佐伯 胖（訳）（1993）．状況に埋め込まれた学習―正統的周辺参加― 産業図書）

Matsunaga, M., Kikusui, T., Mogi, K., Nagasawa, M., Ooyama, R., & Myowa, M. (2020). Breastfeeding dynamically changes endogenous oxytocin levels and emotion recognition in mothers. *Biology Letters, 16*, 20200139.

McGoldrick, M., Garcia Preto, N., & Carter, B. (2016). The life cycle in its changing context : Individual, family, and social perspectives. In M. McGoldrick, N. Garcia Preto, & B. Carter (Eds.), *The expanding family life cycle : Individual, family and social perspectives* (pp. 1-44). Boston, MA : Pearson.

中釜洋子（2019）．家族システム理論 中釜洋子・野末武義・布柴靖枝・無藤清子（編）家族心理学―家族システムの発達と臨床的援助［第2版］― (pp. 3-18) 有斐閣

岡本祐子（2002）．中年のアイデンティティ危機をキャリア発達に生かす―個としての自分・関わりの中での自分 明治生命フィナンシュアランス研究所調査報, *10*, 15-24.

小野寺敦子（2005）．親になることにともなう夫婦関係の変化 発達心理学研究, *16*, 15-25.

Peck, R. C. (1968). Psychological developments in the second half of life. In B. L. Neugarten (Ed.), *Middle age and aging* (pp. 88-92). Chicago, IL : University of Chicago Press.

Savikas, M. L. (2011). *Career counseling.* Washington, DC: American Psychological Association.（サヴィカス, M. L. 日本キャリア開発研究センター（監訳）（2015）．サヴィカス キャリア・カウンセリング理論―〈自己構成〉によるライフデザインアプローチ― 福村出版）

Scatliffe, N., Casavant, S., Vittner, D., & Cong, X. (2019). Oxytocin and early parent-infant interactions : A systematic review. *International Journal of Nursing Sciences, 6*, 445-453.

島津明人（2014）．ワーク・ライフ・バランスとメンタルヘルス―共働き夫婦に焦点を当てて― 日本労働研究雑誌, *56*, 75-84.

Super, D. E. (1990). Career choice and life development. In D. Brown & L. Brooks (Eds.), *Career choice and development : Applying contemporary theories to practice* (pp. 197-261). San Francisco, CA : Jossey-Bass.

蔦屋 匠（2019）．ヒトという動物の子育て 長谷川眞理子（監修）正解は一つじゃない子育てする動物たち (pp. 19-32) 東京大学出版会

渡辺三枝子（2018）．キャリア心理学を学ぶにあたって 渡辺三枝子（編）新版 キャリア発達の心理学［第2版］―キャリア支援への発達的アプローチ― (pp. 1-31) ナカニシヤ出版

Yim, I. S., Stapleton, L. R. T., Guardino, C. M., Hahn-Holbrook, J., & Schetter, C. D. (2015). Biological and psychosocial predictors of postpartum depression : Systematic review and call for integration. *Annual Review of Clinical Psychology, 11*, 99-137.

コラム11　多職種連携とチーム学校・チーム保育

　個人のあり方をどう理解するかにかかわる「**生物－心理－社会モデル**」という言葉がある。具体的には，個人は身体的・生物学的要因と，認知・感情や無意識下の心の動きといった心理的要因と，周囲にいる別の個人とのつながりからの影響という社会的要因が複雑に組み合わさって成り立っているという考え方である。ここで，腹痛を訴えて登校困難状態にある児童生徒を想像してみよう。この腹痛は，直接的には生物学的要因から生じている。しかし交感神経が活発となる背景には，授業についていけない不安感（心理的要因）があるかもしれないし，他の児童生徒から勉強の遅れをからかわれている（社会的要因）かもしれない。それらが悪循環となり，もはや1つの要因を解消するだけでは問題は解決できない状況にまで陥っている可能性もある。このため，さまざまな視点から児童生徒の特徴や現状を少しでも明確に理解し，多角的なアプローチを行う必要があるといえる。

　このような必要性から，近年では**多職種連携**の意義が強調されている。これは元々医療領域で提唱されてきた言葉であり，医師や看護師，精神保健福祉士，公認心理師その他さまざまな専門家が自身の専門性を活かしてアセスメントおよび治療・支援を行うことを指す。加えて近年では，教育領域においても児童生徒の多様化や問題の複雑化，および教員の多忙化などが合わさって，このような連携の意義と実践の必要性が叫ばれるようになった。具体的には，文部科学省（2007）により，児童生徒の問題にかかわる学内・学外機関がサポートチームを組織して対応にあたることが強調され，生徒指導提要（文部科学省，2010）では児童生徒の家庭や地域社会も連携先として捉え連携を密にすることの意義が指摘されている。

　このような中で，2015年に中央教育審議会から「チームとしての学校の在り方と今後の改善方策について（答申）」（文部科学省，2015）が出され，教育領域独自の連携のあり方として「**チーム学校**」が明確化された。そこでは3つの観点が強調されている。第1の観点は専門性に基づくチーム体制の構築である。上段で述べた連携の意義が改めて強調されるほか，校内で「チームとしての学校」を支える文化を醸成すること，各人がチームにおいて果たす役割・職務・権限を明確にしておくこと，人材スタッフを確保することが挙げられている。第2に，学校マネジメント機能の強化がある。チームの機能を高めるため，管理職の資質・能力の向上や，主幹教員の配置促進や事務機能の強化などが挙げられている。第3に，教職員1人1人が力を発揮できる環境の整備がある。チームを組織する各教職員の資質・能力の向上のほか，業務改善を推進することや教育委員会等の外部機関の支援体制を整えることの重要性が指摘されている。これらに加えて，児童生徒の各家庭，地域，関係機関との連携が改めて強調されている（図参照）。

　同様に，「**チーム保育**」という観点も明確化されつつある。背景にあるのは，保育施設の需要増加と多機能化，それにともなう保育者の負荷増大である。これらの問題を受けて，複数の保育者で複数のクラスを連携して受け持ったり，情報共有を密に行ったりして個々の保育者の負荷を軽減する取り組みが行われている。個々の保育者や管理職の役割の明確

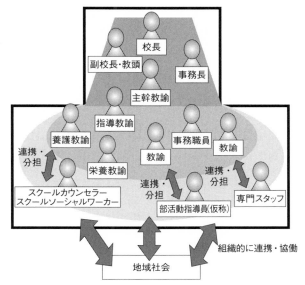

図　「チーム学校」のイメージ（文部科学省, 2015）

化が求められていることはチーム学校と同様である。それらに加えて，即自的・即興的な応答が求められる保育現場において保育者同士で学び合うことの重要性や，かかわる児童とその保護者の関係性にも影響を与えうる保育施設の雰囲気をより良いものに醸成することの重要性，そしてそれらを支える保育者間の信頼関係の向上にも力点がおかれていることが「チーム保育」の特徴といえるだろう（これらに関する詳細な検討は，赤川・木村（2018）などを参照のこと）。

引用文献

赤川洋子・木村直子（2018）．保育所におけるチーム保育の質の向上に関する研究　鳴門教育大学授業実践研究，*17*, 109–117.

文部科学省（2007）．児童生徒の教育相談の充実について．https://www.mext.go.jp/b_menu/shingi/chousa/shotou/066/gaiyou/1369810.htm（2020年3月31日）

文部科学省（2010）．生徒指導提要 https://www.mext.go.jp/a_menu/shotou/seitoshidou/1404008.htm（2020年3月31日）

文部科学省（2015）．チームとしての学校の在り方と今後の改善方策について（答申）https://www.mext.go.jp/b_menu/shingi/chukyo/chukyo0/toushin/1365657.htm（2020年3月31日）

老年期　12

◎ **本章のポイント**
　ヒトの寿命が伸びたことで，老年期は以前よりも伸長している。それにともない，老年期を「人生の終末」と一括りに捉えるのではなく，60〜90代の発達プロセスを詳細に解明した研究が増えている。その中で，「これまでできていたことができなくなる」といった低下・喪失のネガティブイメージの強い高齢者だが，実際にはそれまでと変わらず維持される機能や老年期にこそ獲得される機能もあることが明らかになってきた。本章では，老年期の「身体・神経系」「認知」「社会化」「発達上の問題」の4側面について適応の観点から解説するとともに，幸福な老いの実現について考える。

1. 高齢社会の到来

[1] 高齢社会と高齢者の定義

　老年期とは，最後の発達段階であり，65歳から亡くなるまでを指す。医療の進歩にともないヒトの寿命は伸び続け，老年期は年々伸長している。2018年10月時点でわが国の65歳以上人口は3,558万人，総人口に占める高齢者の割合は28.1％となり，日本は世界の中でも最も**高齢化**が進んでいる国の1つである。2040年頃には国民の約3分の1が65歳以上となることが予想される。

　しかし，65歳と90歳では同じ老年期でも心身の機能に大きな違いがあり，年齢の区切り方は老年心理学においても議論の絶えない問題である。例えば，現在わが国では，65〜74歳を前期高齢者，75〜84歳を後期高齢者，85歳以上を超高齢者と区別することが多い。また，高齢者の身体機能の若返り現象（後述の第2節[1]（2）参照）などから，「高齢者」の定義を75歳以上に見直す提言も出されている（日本老年学会・日本老年医学会, 2017）。

　内閣府（2014）による高齢者の意識調査（図12-1）を見ると，老いの自覚には個人差がある。加齢にともなう身体機能や認知機能，社会性の変化の実感

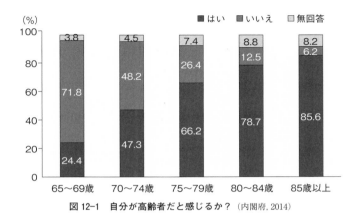

図 12-1　自分が高齢者だと感じるか？（内閣府, 2014）

が，その個人の老いの自覚に影響していると考えられる。

■ [2] 平均寿命と健康寿命

　1920年代の日本の平均寿命は，男性が42.1歳，女性が43.2歳であった。それから約100年後の現在，平均寿命は男性81.4歳，女性87.5歳と2倍近く伸び，日本は世界最高の長寿国の1つである。しかし重要なのは，単に長生きすることではなく，いかに健康的に日常生活が制限されることなく過ごせる時間（健康寿命）を伸ばすかということである。2016年時点での**平均寿命**と**健康寿命**の差は，男性で約8年，女性で約12年で，健康上の問題で生活が制限されている（内閣府, 2018）。今後，健康寿命を平均寿命に近づけることで，個人の**生活の質（QOL）** を高めることが求められる。健康とは，肉体的・精神的・社会的に全てが満たされた状態であることから，疾病予防で身体を健康に保つだけでなく，心の健康や社会とのつながりも健康増進にとって重要である。

■ 2. 老年期の身体・神経系

　老化には2つの捉え方がある。1つは「**生理的老化**」で，これは程度の差や進行の度合いには差があるものの，加齢にともなって全ての人に起こる避けられない現象である。もう1つは「**病的老化**」で，これは加齢とともにかかりや

すくなる病気（動脈硬化，悪性新生物，骨粗しょう症，認知症など）によって起こる現象であり，生理的老化に遺伝要因や環境要因が加わって進行するものである。本節では，生理的老化について解説し，病的老化については第5節で解説する。

■ [1] 身体機能の低下と維持

(1) 感覚機能

　私たちは，五感を通じてさまざまな情報を取り入れながら生活している。まずは，老年期における感覚機能の特徴とそれらが心身に与える影響を概観する。

　視　　覚　　視力は，70歳くらいまでは眼鏡などの矯正で1.0を維持できるが，80歳以上になると0.5程度に低下する（権藤，2008）。眼球の構造的な老化により，水晶体の白濁（白内障）で視力が低下したり，ピントの調整力が低下したりする。また，周辺視野の衰えや暗い場所で物を見る暗視力，動体視力も低下する。

　聴　　覚　　高齢になると，全体に音がこもってはっきり聞こえにくくなる。60〜70歳代には，まず高音域（4〜8kHz）の聴力が低下し，その後年齢とともに中音域，低音域が徐々に聞こえにくくなる（佐藤，1998）。また，小さな音は聞こえにくいが，小さな音を聞き取ろうとして，音を増幅して聞くため，中等度以上の音は逆に大きく聞こえすぎてしまう。自分の聞きたい音を選んで聞くことが難しかったり，聞き取りにくい音（カ行，サ行，タ行，パ行）があったりする。

　味覚・嗅覚・皮膚感覚（触覚）　　味覚や嗅覚は視覚や聴覚と比べて，老化による機能低下はゆるやかであり，また機能が低下したとしても日常生活では自覚しにくい。皮膚感覚では，温度覚の機能が低下し，温かさや冷たさを感じにくい。痛覚では，原因不明の痛みが続いたり，痛みの感じ方が皮膚領域では鈍感だが内臓では鋭敏になることがある（吉松，1998）。これは，老年期になると皮膚からの感覚を正確に認知することが難しく，一種の錯覚状態に陥るためである。

　視覚や聴覚の機能低下が心身に与える影響は，生活やコミュニケーションの困り感だけではない。視覚または聴覚の障害を有する高齢者は，障害を有しな

い高齢者と比べて，日常生活動作の自立度が低く，うつ病のリスクが高い。また，特に視覚の障害は，社会的なつながりの減少とも関連する（Carabellese et al., 1993）。つまり，感覚の障害は，自分でできることが減ることへの精神的ストレスや，外出が億劫になったり活動範囲が狭まったりすることでの社会的な交流の減少により，高齢者の QOL（生活の質）までも低下させる。

(2) 運動機能

　運動機能は20代から90代にかけて低下するが，変化の程度は機能により異なる（図12-2）。特に平衡性は60代前半にはピーク時の20％に低下し，80代では 5 ～ 6 ％しか維持できないため，転倒や怪我のリスクが高まる。

　一方で，体力の衰えは本人が自覚しやすいため，老年期はそれまで以上に身体に関心をもち，運動習慣を身につけて体力を維持しようと努力する。また，時代とともに高齢者の体力は向上しており，1992～2002年の10年で約10歳体力が若返っている（鈴木・權, 2006）。さらに，能力の衰えの自覚は生活場面での行動変容をもたらす。例えば，車の運転でハンドル操作に衰えを感じている高齢者ほど，運転に慣れた道を優先して選ぶなど，衰えた能力を**補償**している（太子・臼井, 2014）。

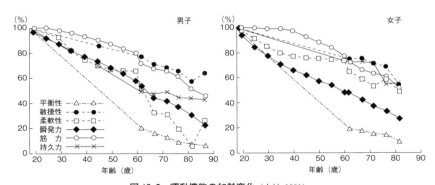

図 12-2　運動機能の加齢変化（木村, 1991）

注）平衡性（閉眼片足立ち），敏捷性（ステッピング），柔軟性（長座位体前屈），瞬発力（垂直とび），筋力（握力），持久力（息こらえ）

■ [2] 脳機能の低下と維持

　加齢とともに，脳の神経細胞の数や神経細胞間をつなぐネットワーク（シナプス）の数が減少する。大脳皮質に140億個あるとされる神経細胞は，20歳を過ぎると1日に85,000個ずつ失われ，90歳までに平均して9.5%減少する。特に神経細胞の減少が顕著な領域は，人の思考や判断の中枢である前頭前野や，記憶の定着を担う海馬を含む側頭葉である。

　しかし，加齢にともなう脳の生理学的変化は，思考や判断，記憶などの認知機能の低下に必ずしも直結するわけではない。例えば，記憶に関して，加齢で衰えやすい記憶と加齢の影響を受けずに維持される記憶がある。衰えやすい記憶は，複雑な思考や並列的な作業を担う「ワーキングメモリ」や，過去の出来事の記憶である「エピソード記憶」である（第7章参照）。これらの記憶が低下すると，料理や人とのコミュニケーション等の複雑な作業が困難になったり，過去の出来事が思い出せなくなったりする。反対に，加齢による低下が見られず，むしろ若い時よりも増加するのは，「意味記憶」という一般的な知識や概念，物の名前の記憶（いわば言語化できる知識）である。意味記憶は，使う機会が多いほど強化される。人生を通じて獲得した意味記憶は蓄積され続け，歳をとっても忘れない。

　加齢にともなう脳の生理学的変化がそれほど重大な結果をもたらさない理由は，脳の適応力にある。第1に，もともと脳は過剰な神経細胞とシナプスで構成された過剰な器官である。加齢とともに必要なシナプスだけを残し，不要なシナプスを除去する**刈り込み**の過程は必要である（第5章参照）。第2に，脳は**可塑性**のある活動的な器官である。老人の脳は機能低下を補うために，若年者よりも多くの脳部位を活動させたり，ある部位が担っていた特定の機能を別の領野へ移動させたりする。このように，ヒトの脳は加齢に適応できる。また，「老いると記憶力が悪くなる」という老いに対する否定的イメージをもつことが記憶の成績に悪影響をもたらすこと（Rahhal et al., 2001）も示されている。これらのことから，老いに悲観的になりすぎず，脳の変化を肯定的に受け入れることも大切である。

3. 老年期の認知

■ [1] 知能の加齢による変化

　日々直面する出来事や問題に対応する時の行動を支える知的な能力のことを「知能」という。知能の構造についてはいくつかの考え方があるが，老年心理学では，知能を「**流動性知能**」と「**結晶性知能**」の2つの側面から捉えることで有益な示唆が得られる。流動性知能とは，新しい状況に適応するための情報処理能力であり，結晶性知能とは，経験の中で得てきた知識の豊かさと結びついた能力である（図12-3）。

　流動性知能と結晶性知能の加齢による変化を系列法（横断研究と縦断研究を組み合わせた手法）で推定したところ（図12-4），流動性知能の多くは40歳代にピークを迎え，その後緩やかに低下し，80歳以降に顕著な低下が見られた。また，結晶性知能である「言語理解」は60歳代にピークがきて，その後80歳代後半にならないと大きな低下は見られなかった。この結果から，加齢による知能低下はこれまで考えられていたほど早い時期には始まらず，低下のスピードも必ずしも速くないことが示された。

　多くの知能が加齢とともに低下するが，その影響が日常生活には及ばないことも多い。これは，多くの人が加齢による機能低下に合わせて行動の仕方を変

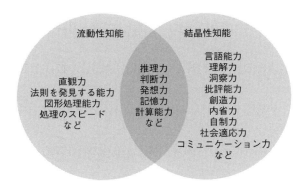

流動性知能　　　　　結晶性知能

直観力
法則を発見する能力
図形処理能力
処理のスピード
など

推理力
判断力
発想力
記憶力
計算能力
など

言語能力
理解力
洞察力
批評能力
創造力
内省力
自制力
社会適応力
コミュニケーション力
など

図12-3　流動性知能と結晶性知能（佐藤, 2006）

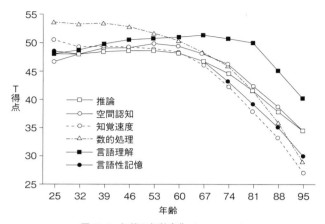

図 12-4 知能の加齢変化 (Schaie, 2013)

注1) 推論・空間認知・知覚速度・数的処理は「流動性知能」，言語理解・言語性記憶は「結晶性
　　　知能」に対応する能力。
注2) 1956年から7年間隔で8回にわたり，複数の年齢集団に知能検査を実施（横断系列）。さら
　　　に，各々に対して7年ごとに再検査を行うことにより，複数のコホートの縦断データを取
　　　得（縦断系列）。

えるため，知能の低下が目立たなかったり，あるいは結晶性知能が高まること
で流動性知能の衰えを補ったり，流動性知能の必要性自体が低下したりするた
めである。

■[2] 老人の英知

　結晶性知能のように，豊かな人生経験によって生み出される高齢者の能力と
して，エリクソン（Erikson, E. H.）は「英知（wisdom）」を挙げた（第10章
図10-5参照）。英知とは，「死そのものに向き合う中での，生そのものに対す
る聡明かつ超然とした関心」と定義され，老年期の発達課題である「**自我の統
合（対 絶望）**」の過程で生まれる人間的な強さ（徳）である。老年期は，自分
の人生を振り返る中でその意義や価値を見出しながら，迫りくる死への恐怖と
葛藤する。英知とは，この葛藤を乗り越え，心身の衰弱や死にこだわらずに，
人生そのものに執着のない関心をもって自我（人生）を統合できた者だけが得
られる強さである。

　一方，英知を実証的に測定した研究もある。人生の岐路に立った時，その問題をどのように解決していくか計画を立てたり，昔の友人との再会をきっかけに人生を回顧したりする場面で，その人の英知が反映されると考えた研究者たちは，英知を「基本的で実践的な生活場面での熟達した知識と判断」と定義し，加齢による変化を調べた。その結果，英知は加齢により低下はしないが，上昇もしないことが示された（Baltes & Staudinger, 2000）。老年期に低下する能力が多い中で，英知は低下せず維持される能力であった点は注目に値する。一方で，英知は単に年齢を重ねただけで得られる能力ではない。それまでの発達で得られた認知的・人格的要素，日常生活の過ごし方，幸福感，人生の受容など多くの要因が英知の高さには影響する（髙山, 2008）。

4. 老年期の社会化

■ [1] 退職後の生活

　60代になると多くの人が定年退職を迎え，長年築いてきたキャリアや職場の人間関係，社会的役割，報酬などを喪失する。肉体的・精神的に多くのエネルギーを仕事に注いできた人にとって，退職は生きがいの喪失にもつながりかねない。一方で，人生100年時代といわれる現在，退職してからの人生も長い。退職後の人生を終末に向かう老後ではなく，第2の人生の新たな出発と捉え，社会の中で新たな活躍の場を見つけたり，本当にやりたかったことに挑戦したりする人もいる。退職という出来事そのものが精神健康に与える影響だけではなく，退職を個人がどのように意味づけているかが重要である。

　老年期は，退職して職業役割を喪失するとともに，子育てが終了して親役割も喪失する。しかし，老年期に新たに生まれる社会的役割がある。それは祖父母としての孫養育である。祖父母による孫養育はヒト特有の文化であり，特に「おばあちゃん」の存在は人類の繁栄に重要な役割を果たしてきた。一般的に，生物の命は，次世代に遺伝子を残すことに成功し，生殖機能が終わると同時に終わりを迎える。しかし，ヒトの女性は例外的に，閉経後も非常に長い期間生存する。その意義を生物学的・進化的な観点から説明したのがウィリアムズ（Williams, G. C.）の「**おばあちゃん仮説**（grandmother hypothesis）」である

（Williams, 1957）。この仮説では，出産・子育てを経験した女性が閉経後も長生きすることで，母親は子育てに関する豊富な知識と知恵をもつおばあちゃんと共同養育をしながら，新たな子づくり・出産に専念できるため，ヒトは子孫の繁栄に成功したと考えられている。ヒトの老年期の長さには，ヒトの進化にとって重要な意味があったのである。

■ [2] 配偶者の死

　人生のさまざまな出来事の中で，最もストレスフルな体験とされるのが配偶者の死である。老年期には，身近な大切な人との死別を多く経験し，中でも配偶者との死別は深い悲しみと落胆をともなう。高齢者の多くは配偶者との死別直後にうつ症状を示し，かつ身体的健康も低下する（岡林ら, 1997）。しかし1年以上経過すると精神的・身体的健康は回復に向かい，また，死別後1年以内のうつ症状の悪化は死別後の社会的サポート（話を傾聴したり，いたわってくれたりする人の存在）によって和らげられる。配偶者との死別は避けられないが，その悲しみをどのように乗り越えていくのかは老年期の重要な発達課題であり，その際に周囲のサポートが必要不可欠である（詳しくは第5節[3]参照）。

■ [3] 幸福な老い

　老年期には，身体機能や認知機能の低下，退職後の社会的役割の喪失，大切な人の死など喪失体験が多い。しかし，不思議なことに，老年期の**主観的幸福感**（subjective well-being）は若い時と比較しても差がないか，むしろ若年者よりも高まる。このエイジング・パラドクス（矛盾）をカーステンセン（Carstensen, 1995）は，人は残された時間の有限性を認識すると，ポジティブな感情を維持できる情報や行動を選択するようになるという「**社会情緒的選択理論**（socioemotional selectivity theory）」で説明した。この加齢による動機づけの変化が，老年期に多い喪失体験を最小化し，獲得体験を最大限にして幸福な老いを可能にするのである。

■ [4] 人生の統合と死の受容

　老年期はこれまでの人生を振り返る時期である。人生のよかった出来事だけ

でなく，失敗や後悔した出来事についても振り返る中で，1つ1つの体験を意味づけ，人生の意義を見出せた者は納得して死を迎えられる。しかし，自分の人生に納得感をもつことができない者は，人生や死に対して絶望する。これがエリクソンの発達課題（第8段階）の「自我の統合（対 絶望）」である。しかし，老年期が伸長した現在では，この発達課題の達成プロセスも変化してきている。「自我の統合」や「絶望」に収束するのは75歳以上の後期高齢者であり，65〜74歳の前期高齢者は，統合の達成途上にいる人が多い（五ノ井・下仲，2010）。

　また80代，90代の超高齢期になると，身体機能はさらに著しく低下し，寝たきりなど誰かの介護なしでは生きられない人が増える。身近な人の死・自分の死と向き合い，身体的自立の欠如で過去を振り返る余裕すらなくなる。このような過酷な状況に適応するのは，第8段階の「自我の統合」を達成した人であっても難しいとし，新たな発達段階である第9段階が加えられた（Erikson & Erikson, 1997）。この第9段階では，他者の介助のもとで生きる中で，人生の最初に獲得した「基本的信頼感」を再構築することになる。そのようにして危機的状況を乗り越えた者のみが獲得できる心理的特性が「**老年的超越**」である。

　老年的超越とは，①社会と個人との関係の変容（表面的な人間関係よりも孤独を求める。地位，財産，金銭への執着がなくなり，善悪の価値観が変化する），②自己概念の変容（自己への執着がなくなり，利他主義的な考え方になる。自分の人生の全てを受容する），③宇宙的意識の獲得（時間や空間を超えて，人類全体や宇宙全体との一体感を感じ，死は1つの通過点であるという意識により死への恐れが完全になくなる）という3つの次元で生じる。自分の人生を自分1人で完結させずに，人類や宇宙との一体感の中で人生を統合できた時に，はじめて人は死を受容することができるのだろう。

■ 5. 老年期の発達上の問題

■ [1] 疾　　病
　生理的老化による老衰死（記載すべき死因がない，いわゆる自然死）の割合は全体の2〜8％程度である。人は，老化とともに悪性新生物（いわゆる，が

ん）や心疾患，脳血管疾患，肺炎（これら4つは高齢者の死因上位），生活習慣病，骨粗しょう症，骨折，嚥下障害など日常生活に障害をもたらすような疾病にかかりやすくなる。

　老年期に疾病にかかりやすくなる理由として，①予備力の低下（その人の最大能力と生活に必要な能力の差が少なくなる），②防衛力の低下（危険を回避する動作能力，疾病に対する免疫力や抵抗力が減退する），③回復力の低下（臓器・組織の障害や運動疲労などから元の状態に戻るまでの回復時間が長くなる），④適応力の低下（生活環境の温度・湿度・気圧の変化に適応する能力が低下する）が挙げられる（安村・山崎, 2012）。これらの機能低下の進み方には個人差があり，食事や運動，睡眠に留意したり，趣味や生きがいを見つけて生活に張りをもたせたりすることは疾病予防の手助けとなる。

■ [2] 認知症

　認知症とは，一度正常に発達した認知機能が後天的な脳の障害によって持続的に低下し，記憶障害や失語，失行，失認または実行機能の障害が見られ，日常生活や社会生活に支障をきたすようになった状態を指す。65歳以上の高齢者の認知症有病率は推計15％であり，高齢になるほどその有病率は増加し，85歳以上では35％を超える（朝田, 2013）。認知症は原因によっていくつかの種類に分類され，脳神経細胞の変異・脱落によって生じるアルツハイマー型認知症が約7割と最も多く，次いで脳血管性認知症が約2割となっている。認知症の診断は，問診と脳画像装置を用いた神経学的診断，スクリーニング検査の結果を統合して行う。

　現在のところ，認知症の根治療法はなく，症状の進行を遅らせるための薬物療法が中心である。また非薬物療法として，**回想法**や**リアリティ・オリエンテーション（現実見当識訓練）**，**芸術療法**などの心理療法的アプローチがある（表12−1）。これらは，その人の記憶機能や認知機能に働きかける認知リハビリテーションであると同時に，本人が自分の思いや経験を他者に語ることで他者との交流が生まれたり，日々感じている不安や混乱，ストレスを緩和させたりする効果があると考えられる。また，認知症高齢者を支える家族や支援者にとっては，当人の思いを知り，かかわり方を考える際の参考になると考えられる。

表 12-1　心理療法的アプローチ

	内容
回想法	過去の思い出を語る過程に専門家が共感的受容的姿勢で意図的に介入し，支持する技法。個別または集団で行う。過去の記憶を想起して話したり，他者の回想を聴いたりすることで脳が活性化し，認知機能や心理・感情的機能，社会的機能の改善の効果が認められる。
リアリティ・オリエンテーション（現実見当識訓練）	日々の生活の中で専門家が見当識障害（認知症の中核症状の一つで，年月日，時間，季節，場所，人物など自分が置かれている状況を正しく認識できない）の状態を観察し，修正する技法。個別または集団で行う。見当識障害からくる混乱や不安を和らげる効果が期待できる。
芸術療法（音楽療法）（絵画療法）（化粧療法）	音楽療法は，音楽鑑賞や唱歌で脳が活性化され，身体の動きや発声が促されたり，気持ちが安定したりする。絵画療法（コラージュ）は，作品が記憶想起の手がかりとなって対話が進んだり，対象の心的世界を専門家が理解する一助になったりする。化粧療法は，化粧や服飾を通して五感を使うことができ，生活にも取り入れやすい。

　認知症の発症を個人がコントロールできる要因（教育歴や喫煙，運動不足，社会的孤立，糖尿病の罹患等）の割合は35％で，残りの65％は個人でコントロールできない要因（APOE-ε4遺伝子等）に影響されている（Livingston et al., 2017）。認知症予防や早期発見・治療に目を向けるだけではなく，認知症になっても生活の質（QOL）を維持できる社会のあり方や認知症高齢者を支える家族・支援者に対する支援を考えることも大切となるだろう。

■ [3] 老年期の独居・孤独の問題と社会的サポート

(1) 高齢者の孤立がもたらす問題

　時代とともに家族形態が変化し，65歳以上の過半数が「単独世帯」か「夫婦のみの世帯」を占める現在，高齢者の**社会的孤立**が問題視されている。社会的孤立とは，家族や友人，地域社会との関係が希薄で，他者との接触がほとんどない状態を指す。別居親族や友人，近所の人との接触が週に１回もない孤立高齢者は，対面接触が週に１回以上ある高齢者に比べて私的・公的サポートを得にくいだけでなく，抑うつや将来への不安も高い（小林ら，2011）。

　一方で，同居家族の有無や他者との交流頻度などの量的（客観的）指標とは別に，本人が現在の人との付き合い方に満足しているかという質的（主観的）

指標も大切である。取り残されたような主観的な**孤独感**は，身体機能の低下や死亡の危険因子となる（Perissinotto et al., 2012）。社会的孤立が死亡率に与える影響は喫煙に匹敵する可能性（Holt-Lunstad et al., 2010）も示されており，高齢者の社会的孤立，孤独感を解消する手立てを考えることは喫緊の課題といえよう。

(2) 高齢者の孤立を防ぐ社会的サポート

　カーンとアントヌッチ（Kahn & Antonucci, 1980）は，個人を取り巻く社会的ネットワークの構造を「**コンボイモデル**」で示した（図12-5）。コンボイとは護送船団を意味しており，人は生涯自分の周囲にいる人々と社会的サポートを交換しながら，人生航路を進んでいくという考え方を示している。個人（P）の周りを親密さの程度ごとに3層からなる構成員が取り囲む。最も内側のPに隣接する第1層は，個人のライフコースの移行（卒業，就職，退職等）に関係なく，長期にわたり安定した関係を築く極めて親しい構成員，最も外側の第3層はライフコースの移行によって入れ替わりやすい構成員，その中間の第2層はある程度の社会的な役割関係に基づいた，ライフコースの移行に応じて変化しうる構成員が位置する。

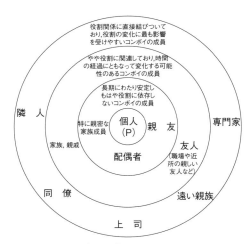

図 12-5　コンボイモデル（Kahn & Antonucci, 1980）

　老年期は，それ以前に比べて社会的ネットワークが縮小するため，第1層に位置する特に親密な人を中心としながら，足りない部分はより外側の階層の構成員から補完的にサポートが提供されるようにコンボイを維持することが大切である。また，悩みを聴くなどの**情緒的サポート**は高齢者の精神健康上有効だが，家事を手伝うなどの**手段的サポート**は，過剰・不適切であった場合に高齢者の他者依存行動につながり，自尊感情や健康に悪影響をもたらす危険がある（岸・堀川，2004）。サポートの量と質を配慮するとともに，高齢者がサポートを受領するだけではなく，提供する側になる機会を作ることも重要である。

キーワード

　エイジズム：「年を取ると，さまざまな能力が低下し，生産性がなくなり，保護されなければならない社会的弱者となる」といった老いに対する偏見（年齢差別）をエイジズムと呼ぶ。若者に高齢者のイメージを尋ねると，病気がち・弱い・退屈などの否定的イメージが多く，それが加齢不安や加齢恐怖として表現されることもある。

　死のプロセス：キューブラー＝ロス（Kübler-Ross, 1969）は，死後が近い末期患者との対話から死の受容には5段階（否認，怒り，取引，抑うつ，受容）あることを発見した。しかし，全ての患者が同様の経過をたどるわけではない。その人の文化的背景や経済状態，パーソナリティ，社会的サポート，適応能力などさまざまな要因が影響している。

■ 引用文献

朝田　隆（2013）．都市部における認知症有病率と認知症の生活機能障害への対応．厚生労働科学研究費補助金　認知症対策総合研究事業　平成23年度～平成24年度　総合研究報告書

Baltes, P. B., & Staudinger, U. M.（2000）. Wisdom : A metaheuristic（pragmatic）to orchestrate mind and virtue toward excellence. *American Psychologist, 55*, 122–136.

Carabellese, C., Appollonio, I., Rozzini, R., Bianchetti, A., Frisoni, G. B., Frattola, L., & Trabucci, M.（1993）. Sensory impairment and quality of life in a community elderly population. *Journal of the American Geriatrics Society, 41*, 401–407.

Carstensen, L. L.（1995）. Evidence for a life span theory of socioemotional selectivity. *Current Directions in Psychological Science, 4*, 151–156.

Erikson, E. H., & Erikson, J. M.（1997）. *The life cycle completed : A review*（Expanded Version）. New York : W. W. Norton.（村瀬孝雄・近藤邦夫（訳）（2001）．ライフサイクル，その完結（増補版）みすず書房）

権藤恭之（2008）．生物学的加齢と心理的加齢　権藤恭之（編）高齢者心理学（pp. 23–40）朝倉書店

五ノ井仁美・下仲順子（2010）．高齢者におけるライフレヴューと心理社会的発達の関連　文京学院大学人間学部研究紀要, *12*, 323–340.

Holt-Lunstad, J., Smith, T. B., & Layton, J. B.（2010）. Social relationships and mortality risk : A meta-analytic review. *PLoS Medicine, 7*, 1 –20.

Kahn, R. L., & Antonucci, T. C.（1980）. Convoys over the life course : Attachment, roles, and social support.

Life-Span Development and Behavior, 3, 253–286.

木村みさか (1991). 高齢者への運動負荷と体力の加齢変化および運動習慣. *Japanese Journal of Sports Sciences, 10,* 722–728.

岸　玲子・堀川尚子 (2004). 高齢者の早期死亡ならびに身体機能に及ぼす社会的サポートネットワークの役割―内外の研究動向と今後の課題　日本公衆衛生雑誌, *51,* 79–93.

小林江里香・藤原佳典・深谷太郎・西真理子・斉藤雅茂・新開省二 (2011). 孤立高齢者におけるソーシャルサポートの利用可能性と心理的健康：同居者の有無と性別による差異　日本公衆衛生雑誌, *58,* 446–456.

Kübler-Ross, E. (1969). *On death and dying.* Macmillan. (川口正吉 (訳) (1971). 死ぬ瞬間―死にゆく人々との対話　読売新聞社〔鈴木晶　完全新訳改訂版 (1998), 死ぬ瞬間―死とその過程ついて　読売新聞社〕)

Livingston, G., Sommerlad, A., Orgeta, V., Costafreda, S. G., Huntley, J., Ames, D., ... Mukadam, N. (2017). Dementia prevention, intervention, and care. *The Lancet Commissions, 390,* 2673–2734.

内閣府 (2014). 平成26年度　高齢者の日常生活に関する意識調査

内閣府 (2018). 平成30年版　高齢社会白書

日本老年学会・日本老年医学会 (2017). 高齢者の定義と区分に関する提言

岡林秀樹・杉澤秀博・矢冨直美・中谷陽明・高梨　薫・深谷太郎・柴田　博 (1997). 配偶者との死別が高齢者の健康に及ぼす影響と社会的支援の緩衝効果　心理学研究, *68,* 147–154.

Perissinotto, C. M., Stijacic Cenzer, I., & Covinsky, K. E. (2012). Loneliness in older persons : A predictor of functional decline and death. *Archives of Internal Medicine, 172,* 1078–1083.

Rahhal, T. A., Hasher, L., & Colcombe, S. J. (2001). Instructional manipulations and age differences in memory : Now you see them, now you don't. *Psychology and Aging, 16,* 697–706.

佐藤正美 (1998). 老年期の感覚機能・聴覚　老年精神医学雑誌, *9,* 771–774.

佐藤眞一 (2006). 「結晶知能」革命　小学館

Schaie, K. W. (2013). *Developmental influences on adult intelligence : The Seattle longitudinal study* (2nd ed.). New York : Oxford University Press.

鈴木隆雄・權　珍嬉 (2006). 日本人高齢者における身体機能の縦断的・横断的変化に関する研究―高齢者は若返っているか?―　厚生の指標, *53,* 1–10.

太子のぞみ・臼井伸之介 (2014). 高齢ドライバーの運転補償行動の背景要因の検討　交通科学, *45,* 21–27.

髙山　緑 (2008). 知恵　權藤恭之 (編)　高齢者心理学 (pp. 104–109)　朝倉書店

安村誠司・山崎幸子 (2012). 高齢期の健康, 身体疾患　下仲順子 (編)　老年心理学 (改訂版) (pp. 24–37) 培風館

吉松和哉 (1998). 触覚障害と皮膚寄生虫妄想　老年精神医学雑誌, *9,* 805–811.

Williams, G. C. (1957). Pleiotropy, natural selection, and the evolution of senescence. *Evolution, 11,* 398–411.

コラム12　科学者 – 実践家モデル

　この言葉は1940年代後半に米国で提唱されたもので，「臨床心理学の専門家を養成する上では，科学者と実践家の両方の立場を訓練し統合させるべきである」という教育方針を指す。しかし，このことは実は容易ではない。以下で，臨床心理学の動向を例に，研究と実践をどう統合させるかについて考えてみよう。

　はじめに，このモデルの内容を確認しよう。第二次世界大戦後の米国では，帰還兵に対する心理療法の必要性などから，臨床心理学の専門家を養成する機運が高まっていた。そのような中で米国国立精神保健研究所と米国心理学会が主導し，専門家訓練プログラムの検討会議が1949年ボールダーにて開かれた。ここで採択されたのが科学者 – 実践家モデルである。このモデルの重要な点は，定義に含まれる「統合させる」ことにある。そこで以下では，実践的な科学者／科学的な実践者，という2つの呼び方で解説を進めたい。

　まず「実践的な科学者であれ」という意味は，実践家として対人援助を行って得た知見やデータを，科学的な検証を通して職能団体や社会に提出すべきということである。援助を通して得られた恩恵を目の前の被援助者のみに供するのではなく，その後ろにいて援助を求める多くの人々にも届くようにすべきで，そのために他の援助者が利用しやすい形に知見を加工すべきである，という考え方である。次に「科学的な実践家であれ」とは，科学的に提供されている最新のアセスメント・データや援助に関する知見について，その有効性を適切に評価した上で実践すべきである，という考え方である。そしてまた，自分が実践したことの有効性を，適正な科学的方法を用いて評価すべきである，という意味も含んでいる。

　さらに，この2つの立場は循環している。「科学的な実践家」として評価した実践は，同時に「実践的な科学者」として提出され，それをまた別の実践家が評価した上で自身の実践に活かしていく。こうすれば，誤った・独りよがりな援助法は排除され，より有効な方法が援助者の実践に活かされることになる。それがより多くの人々の支援につながり，有益な知見としてより広がるのである。

　しかし，これらの「統合」は，現実はそう簡単ではなかった。実際には大学院に入学する学生はより実践的な実習を希望し，大学側は科学者としての学びを求める傾向が見られた。輩出された専門家の多くは実践現場に就職するが，自身の実践を科学的に検証することを止め実践のみを行うようになった。大学に残った者も，科学者として研究は精力的に行うが，実践経験が不十分であり，実践に還元する視点が欠けていた（Bernstein et al., 1993）。わが国でも概ねそのような傾向がある。臨床心理士を対象にした調査では，心理援助を行う者は80%以上であるが，研究を行う者は34%にとどまっていた（日本臨床心理士会, 2016）。

　特にわが国の臨床心理士の養成においては，そもそもの「臨床」「科学」というものについて，固有の捉え方があった。わが国では心理的な援助は「**心理臨床**（学）」とも呼ばれるように，根底は臨床学にあるといわれることがある。つまり対人援助は個々の被援助

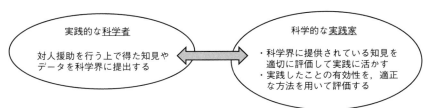

図　科学者－実践家モデルのイメージ

者に応じて調整されて実施されるもので，援助のあり方には被援助者がもつ性格や個性な
どが大きく影響する。そういった無数に考えられる個人の要素を切り捨てて，効果を限ら
れた指標のみで一般化しても，よりよい個別的援助の組み立てにはつながらない，と主張
する専門家も多い。とはいえ，この立場は事例研究を重視し，質的な効果検証を精力的に
行った。しかし一方で，この研究方法は実証性が低いと批判する立場もあり，やはり科学
者－実践家として統合されているとは言い難い現状にある（詳しくは下山（2001）などを
参照のこと）。

　ただし，欧米ではモデルを実現させるためのカリキュラムの見直しが継続的に行われ，
わが国でもこの動きが加速している。例えば学生時代には援助技法の実習のみを行うので
はなく，研究と実践のつながりを学ぶ機会を増やすこと（特に統計解析を用いた量的研究
に対するイメージや誤解を減らす教育を行うこと），実践・研究知見を学会や講演会等で
発表することの重要さを周知することなどが改めて強調されている（新井, 2019）。

　さて以上を踏まえて，読者のみなさんの実践－研究に関する学びは，適切に「統合」さ
れているといえるだろうか？　改めて考える機会としてほしい。

引用文献

新井　雅（2019）．心理専門職による研究知見の効果的生成・臨床的活用・社会的普及に関する展望　心理臨床学研究, *36*, 657–667.

Bernstein, B. L., & Kerr, B.（1993）. Counseling psychology and the scientist-practitioner model. *The counseling psychologist, 21*, 136–151.

日本臨床心理士会（2016）．第7回「臨床心理士の動向調査」報告書　https://www.jsccp.jp/ja/info/member/news/pdf/doukoucyousa_vol7.pdf（2020年3月31日）

下山晴彦（2001）．臨床心理学とは何か　下山晴彦・丹野義彦（編）　講座　臨床心理学1（pp. 3–25）　東京大学出版会

事項索引

人名索引

【著者一覧】（五十音順，＊は編者）

榎本淳子（えのもと・じゅんこ）
東洋大学文学部教授
担当：第10章

大島みずき（おおしま・みずき）
群馬大学大学院教育学研究科准教授
担当：第6章

小川翔大（おがわ・しょうた）＊
中京大学教養教育研究院准教授
担当：第8章，第11章

久保瑶子（くぼ・ようこ）
千葉明徳短期大学保育創造学科講師
担当：第12章

島　義弘（しま・よしひろ）
鹿児島大学学術研究院法文教育学域
教育学系准教授
担当：第4章

髙橋実里（たかはし・みのり）
東京学芸大学連合学校博士課程
担当：第2章

竹田　剛（たけだ・つよし）
神戸学院大学心理学部講師
担当：コラム1，9〜12

中澤　潤（なかざわ・じゅん）
植草学園大学・植草学園短期大学学長
担当：第1章

中道圭人（なかみち・けいと）＊
千葉大学教育学部教授
担当：第5章，第7章

中道直子（なかみち・なおこ）
東洋大学福祉社会デザイン学部教授
担当：第3章

名取洋典（なとり・ひろのり）
医療創生大学心理学部准教授
担当：第9章

真鍋　健（まなべ・けん）
千葉大学教育学部准教授
担当：コラム2〜8

教育職・心理職のための発達心理学

		定価はカヴァーに
2021年3月31日	初版第1刷発行	表示してあります
2024年4月30日	初版第2刷発行	

編　者　　　中　道　圭　人
　　　　　　小　川　翔　大

発行者　　　中　西　　　良

発行所　株式会社　ナカニシヤ出版

〒606-8161　京都市左京区一乗寺木ノ本町15番地
Telephone　075-723-0111
Facsimile　075-723-0095
Website　http : //www.nakanishiya.co.jp/
Email　iihon-ippai@nakanishiya.co.jp
郵便振替　01030-0-13128

装幀＝白沢　正／印刷・製本＝亜細亜印刷
Printed in Japan.
Copyright © 2021 by K. Nakamichi & S. Ogawa
ISBN978-4-7795-1547-7